MÃE
APARECIDA
NO BRASIL

História, Devoção e Missão

JOSÉ MAURO MACIEL

MÃE APARECIDA NO BRASIL

História, Devoção e Missão

Direção editorial:	Pe. Fábio Evaristo R. Silva, C.Ss.R.
Conselho editorial:	Ferdinando Mancilio, C.Ss.R.
	Marlos Aurélio, C.Ss.R.
	Mauro Vilela, C.Ss.R.
	Ronaldo S. de Pádua, C.Ss.R.
	Victor Hugo Lapenta, C.Ss.R.
Coordenação editorial:	Ana Lúcia de Castro Leite
Copidesque:	Luana Galvão
Revisão:	Bruna Vieira da Silva
Diagramação e Capa:	Mauricio Pereira

Dados Internacionais de Catalogação na Publicação (CIP)

(Câmara Brasileira do Livro, SP, Brasil)

Maciel, José Mauro
    Mãe Aparecida no Brasil: história, devoção e missão / José Mauro Maciel. – Aparecida, SP: Editora Santuário, 2018.

    ISBN 978-85-369-0539-6

    1. Devoção 2. Maria, Virgem, Santa – Aparições e milagres 3. Maria, Virgem, Santa – Culto 4. Missão cristã 5. Nossa Senhora Aparecida – História 6. Santuário de Nossa Senhora Aparecida – História I. Título.

18-14283   CDD-232.91

Índices para catálogo sistemático:

1. Nossa Senhora Aparecida: Culto: História: Religião 232.91
2. Virgem Maria: Culto: Teologia dogmática cristã 232.91

1ª impressão

Todos os direitos reservados à EDITORA SANTUÁRIO – 2018

Rua Pe. Claro Monteiro, 342 – 12570-000 - Aparecida-SP
Tel.: 12 3104-2000 – Televendas: 0800 - 16 00 04
www.editorasantuario.com.br
vendas@editorasantuario.com.br

Sumário

Prefácio 7

Introdução 13

I. A representação de sua Imagem........................... 19

II. Maria é também Imagem da Igreja 27

III. A devoção mariana na missão da Igreja 33

IV. Maria, esperança do povo Brasileiro 43

V. À época do "Encontro" da Imagem de Aparecida........ 55

VI. A Igreja Católica e seus fiéis
na sociedade colonial 63

VII. A viagem e os atos do governador
Dom Pedro de Almeida... 77

VIII. Nossa Senhora da Conceição Aparecida 105

IX. A Basílica Velha de Aparecida.............................125

X. A expansão da devoção à Senhora Aparecida...........131

XI. No alvorecer deste Terceiro Milênio Cristão...............153

Considerações finais 157

Referências bibliográficas..167

Prefácio

Com um firme olhar de pesquisador que perpassa a história a limpo, Irmão Maciel conduz o leitor. Divide conhecimentos adquiridos durante anos de leitura em acervos particulares e públicos, trazendo à luz importantes documentos da memória nacional.

A representatividade iconográfica descrita por Maciel, incutida na imagenzinha de Aparecida, tem destaque bíblico, o qual o autor traduz como sendo uma tentativa de mostrar a Imaculada Conceição como reflexo do "Sol nascente": Jesus Cristo. Conclui que o querer Divino, que germinou e está presente em Maria, tornou-se um norte de santidade para os cristãos, revelando a importância da imagem como um recurso de evangelização, como se fosse uma Bíblia dos analfabetos.

O autor pontua várias etapas, que, determinadas pelo Reino de Portugal, defendem a veneração pela Imaculada Conceição, dando ao Brasil colônia uma formação mariana.

Maciel traz de maneira enigmática a energia de Nossa Senhora dentro da Igreja Católica, mostrando que a figura da Igreja é comparada à "imagem e semelhança" de Maria, que se torna a Cheia de Graça e Sacrário Vivo, que recebe e dá amor filial e matriarcal e distribui benefícios para a humanidade.

Na busca do divino no cotidiano, Maciel nos alerta que o Ser Igreja está no acreditar e praticar o bem. A fecundidade da Igreja está inserida em Maria, porque Ela foi "a" escolhida, a Virgem Mãe do Senhor. Ele convida-nos a participar da realidade humana... sem nos omitirmos da dignidade divina.

Exemplificando a devoção Mariana, irmão Maciel cita diversos santos, teólogos, filósofos e pensadores católicos, que defenderam e escreveram a respeito da Imaculada Conceição de Maria; autores cujas obras perpetuaram o ensinamento e a crença da condição Imaculada de Nossa Senhora; os costumes das universidades europeias em defender a pureza de Maria, concebida sem pecado; as homilias de santos e papas sobre a proteção da Imaculada Conceição da Mãe de Jesus, culminando no dia 8 de dezembro de 1854, quando constou como dogma da Igreja.

Na mostra do mistério que existe no encontro da imagem de Aparecida, Maciel dá um grito de origem, acordando os que dormem à margem da história, os que se dizem cristãos e não entram na canoa para jogar a rede... Ele, há alguns anos, entrou no barco e continua dentro dele para pescar e saciar a fome de veracidade histórica; dedica seu tempo, sua visão, seu intelecto, sua habilidade cristã, acreditando, tendo fé de que conseguirá recolher a rede com uma grande soma de peixes-documentos, que irão saciar a fome dos historiadores, pesquisadores e, principalmente, dos devotos de Nossa Senhora. Mesmo que, para isso, tenha esperado, remado em águas que pareciam infrutíferas, jogar a rede era questão de servir a Deus. Jogou e, algumas vezes, nada veio; porém, nos outros lances, recolheu a rede cheia de novidades históricas.

O irmão Redentorista foi dinâmico e sensível ao trazer essa luz, que são documentos pinçados com a delicadeza impregnada de partilha, para clarear alguns fatos que ainda estavam perdidos na escuridão da história. A cada parágrafo o leitor será desperto para uma nova realidade, mesmo que ela já tenha acontecido há séculos. O conhecimento é a base para o presente; para crescermos e darmos frutos, é necessário valorizar as raízes. Com essa sabedoria, Maciel nos enriquece com fatos históricos sobre a miscigenação das etnias no Brasil, os mineradores, os grandes latifundiários no Vale do Paraíba, as cavalarias etc., que nutrem nossas origens.

Dentro da obra, florescem, em cada página, novos conhecimentos sobre a antiga religiosidade brasileira, os ofícios, as músicas sacras, freguesias, capelas, igrejas, vivência clerical, ação pastoral, homilias, missas dominicais, os sacramentos, a prática do Rosário, as indulgências, trazendo uma gama de costumes religiosos que até mesmo foram se perdendo ao longo dos séculos. Alguns deles deveriam voltar como lema para todos os cristãos.

Alerto para que a leitura deste livro seja feita em um local silencioso, onde o poder das palavras trará a magia da viagem ao passado, onde você leitor poderá subir e descer serras, atravessar os rios, fugir de baleias, passar fome ou se saciar com içás e carne de macaco. Este não é um livro comum. Prepare-se para uma aventura.

Uma dessas aventuras é a descrição da viagem e dos atos do português Dom Pedro de Almeida Portugal e Vasconcelos, que, chegando ao Brasil, por causa de seu vasto conhecimento das Leis da Coroa, da Igreja e dos Costumes, foi nomeado governador e capitão general das Capitanias de São Paulo e Minas Gerais. Ele, com sua comitiva, saiu do Rio de Janeiro-RJ, em julho de 1717, para, em dezembro do mesmo ano, tomar posse da governança das Capitanias, em Mariana-MG, onde, em abril de 1718, recebeu da Coroa Portuguesa o título de 4º conde do Senhorio de Assumar.

Sim... foi por causa da estada de Dom Pedro de Almeida e sua comitiva, em Guaratinguetá, que se precisou de peixes e aconteceu o milagre da pesca no rio Paraíba do Sul. Porém, Maciel conduz o leitor aos rudes caminhos do interior das capitanias, com trilhas inóspitas, precários abrigos, muitas vezes, com parca comida e outras, com muito peixe, com liteira feita de improviso, índios escravos, mula despencando do alto da montanha, dor de dente. Assim, o leitor viverá intensamente no século XVIII, levado pelas páginas deste livro. Com certeza, ao finalizar a leitura, a preocupação existencial dará passagem e alargará a presença do divino que nos habita e a alargará!

Singular é a leitura feita por Maciel a respeito da composição física da imagem de Nossa Senhora Aparecida: "possui traços europeus e está vestida à moda dos brancos, com cabelos indígenas e de cor negra". Maciel tornou-a um ícone que amálgama as raças que deram origem ao povo brasileiro, simbolizando a transcendência da vida terrena, pois o barro é pó (terra), misturado com água, moldado e vitrificado por meio do fogo. Passamos por todas essas etapas para sermos unidos, sem a fragmentação racial, e, ao longo dos anos, tornamo-nos apenas brasileiros.

A devoção a Nossa Senhora Aparecida, por meio da retratação de uma imagem ou de uma estampa, e as visitas pastorais de religiosos, sacerdotes, bispos, arcebispos e papas ao Santuário de Aparecida são descritas com intensa religiosidade nesta obra. Também, existem citações retiradas dos diários de viajantes famosos, europeus e brasileiros, que passaram por Aparecida em diferentes épocas, além de inéditos e importantes registros dos Missionários Redentoristas que Maciel colheu em antigas crônicas dessa Congregação.

No compasso da história, Maciel move os ponteiros na linha cronológica do encontro da imagem de Nossa Senhora Aparecida até o jubileu dos 300 anos da aparição. Ancorado em documentos, este livro é um acervo para os que navegam pelo oceano da história. Ao começar a leitura, você dará um pequeno passo para o homem... mas um gigantesco salto para sua espiritualidade. Boa viagem.

Rita Elisa Seda
Biógrafa, pesquisadora,
historiadora e genealogista

Introdução

A Mãe Aparecida nos acompanha e faz história conosco.

Ao caro leitor queremos oferecer dados históricos, religiosos e devocionais, que compõem o cenário eclesial católico, a partir da Devoção a Nossa Senhora, Mãe de Deus, Virgem e Imaculada.

A Devoção Mariana faz parte do Itinerário Católico e nos mostra como a Igreja palmeou "nas Estradas de Jesus", ao longo de sua História, começando pelos primeiros tempos do Cristianismo, com as "Comunidades das Catacumbas" e suas ilustrações, e também pelos escritos dos Santos Padres (Pais na fé), que foram demonstrando a maturidade do Pensamento Cristão, inclusive, com relação ao uso de imagens sacras para evidenciar o Mistério de Cristo e a Devoção Mariana.

Em decorrência de tudo isso, por meio das imagens sacras (iconografias), tornavam-se visíveis as cenas bíblicas e/ou as experiências da Mística Cristã, as quais, ao serem vistas, despertavam e marcavam, na memória do cristão, aqueles fatos que, em tempos passados, ajudaram muitos fiéis em seu caminhar de fé e práticas cristãs. Assim, a fé inculturada é demonstrada por meio de símbolos e ritos.

Maria, Mãe de Deus e nossa mãe, é também "imagem da Igreja", corpo Místico de Cristo. A saber, como afirma o papa Francisco, "a Mãe de Deus é o tipo da Igreja na ordem da fé, da Caridade e da perfeita união com Cristo". Assim como Maria gerou Cristo, a Igreja continua a gerá-lo e apresentá-lo até os fins dos tempos. Inclusive, haveremos de mostrar que a devoção a Nossa Senhora tem uma missão a cumprir na Igreja. Aliás, esse tem sido seu intuito desde as origens, pois a "Virgem Imaculada" trouxe a verdadeira Luz, Jesus Cristo, e o apresentou ao mundo. Pode-se provar, historicamente, que, no entardecer da Idade Média (Concílio de Basileia, em 1439), essa piedosa devoção já estava inserida na fé e no culto católico, devido a seu embasamento nas Sagradas Escrituras e a reta intenção da Igreja.

Posteriormente, em Portugal, a popularidade da devoção com o título à Imaculada Conceição foi ganhando estabilidade desde os meados do século XII. Essa postura de crença, sempre respaldada nos Ensinamentos da Igreja, saciava a piedade popular, na década de 1630, a qual foi referendada em 1640 e declarada como "Promessa, Juramento e Vassalagem" da Família Real Portuguesa, em 25 de março de 1646. Atitude esta extensiva a suas Colônias.

Assim sendo, o Brasil vem recebendo, ao longo de sua história, essa herança devocional desde os princípios da Colonização. Além dos missionários seculares e religiosos, podemos mencionar dois grandes vultos: São José de Anchieta, SJ (1534-1597), e seu confrade Pe. Antônio Vieira, SJ (1608-1697), que souberam evidenciar tão grande apreço e valorização a Maria Santíssima, a mesma Nossa Senhora que se tornou a esperança do povo brasileiro.

O "encontro" da imagem de Nossa Senhora da Conceição "Aparecida" nas águas, naquele terceiro domingo, 17 de outubro de 1717, prefigurou e continua a prefigurar o como a Mãe de Deus e nossa quis se identificar com as etnias que formam a nação brasileira. Assim o foi, desde a sua misteriosa "retirada" das águas do Rio Paraíba do Sul, quebrada; logo que unida a cabeça ao corpo, houve imediata identificação com aqueles ribeirinhos e com os passantes daquela rede de intermináveis caminhos, que percorriam o Vale e transpunham as Serras do Mar e da Mantiqueira.

A realidade sociocultural, as tentativas de interação étnicas – portuguesa, indígena e africana – foram os desafios mais acirrados entre os colonos. E somados a estes veremos os interesses pelos poderes: do ter riquezas, do poder político ou de honra. Então, a ganância e o abuso de poder foram os principais empecilhos e inimigos da ordem social e do sossego "daqueles povos" que haviam de formar a nação brasileira.

A Mãe Igreja, com seus feitos e intervenções, paulatinamente, vinha ao socorro daquela sociedade colonial pobre, explorada e desorientada, para ajudá-la com suas habilidades, por meio das Instituições e modos organizacionais. Sem a Igreja Católica, a estabilidade colonial seria impossível! Aqui, vale lembrar, a Igreja foi a única Instituição capaz de ajudar a discernir e a somar valores, sedimentá-los e transformá-los em bens para o bom desenvolvimento "destes povos", como se dizia naquela época. Uma história do Brasil, seriamente fundamentada, prova esses argumentos.

A Devoção a Nossa Senhora da Conceição Aparecida vem ganhando espaço ao longo de sua História, a qual foi incorporada pela própria mentalidade católica dos brasileiros, que, ao se identificarem com tal Mãe e Protetora, eles próprios confiaram, amaram e se projetaram nela, com a intenção de também ganhar benefícios de tão honrosa intercessora.

O Diário de Viagem do governador Pedro de Almeida, enredado de 24 de julho a 2 de dezembro de 1717, descreve as aventuras e os perigos, os desafios e percalços, os problemas sociais, as corrupções econômicas e judiciais, o sonho das riquezas e a realidade da fome, todos no Ciclo do Ouro. Eis os contrastes socioculturais e as mentalidades justapostas. Os caminhos conhecidos, as veredas clandestinas, os passantes honestos e os mal-intencionados, os abusos institucionais e as violências populares, foi nesse cenário que a Mãe Imaculada quis se encontrar com seu povo brasileiro.

A história da Devoção a Nossa Senhora Aparecida se confunde com a história do povo brasileiro, porque ela pontilha no decorrer dos tempos esse vértice de identificação com nossa real brasilidade. Os devotos confiam, identificam-se e se apoiam também no campo da espiritualidade católica. Essa, na dimensão cristã, tem o papel de interagir no humano, em sua totalidade do ser pessoa. Por essa razão, a Mãe Aparecida sempre foi vista, aceita e acreditada pelos seus devotos, como aquela que também ajuda a resolver as questões sociais, políticas, econômicas, eclesiais, sanitárias, saúde pública e culturais. A tradição de mantê-la coroada como Rainha, com o manto de Senhora, evidenciam-nos que esses poderes (honras) lhes são atribuídos pelo próprio povo, que nela acredita e bem sabe que por Ela não será enganado nem corrompido.

Em suma, veremos como a História de Nossa Senhora da Conceição Aparecida é parte integrante da história de nossa pátria. A realidade cotidiana brasileira faz jus à História dela, que se soma com a vida daqueles que muito a amam. A imagem de Aparecida expressa os traços da miscigenação brasileira!

José Mauro Maciel

I

A representação de sua Imagem

A iconografia (imagem) de Nossa Senhora, em seu título Imaculada Conceição, é apresentada como uma jovem Senhora de mãos postas, olhos voltados para o céu, vestida de branco, com manto azul, os pés descalços sobre a lua, e está pisando a serpente.

Essa representação de Maria Santíssima na arte sacra alude ao Livro do Gênesis:

> Então Javé Deus disse à serpente: "Porque fizeste isto, maldita sejas entre todos os animais do campo e entre todos os animais selvagens; sobre teu ventre caminharas e pó da terra comerás todos os dias de tua vida. Porei inimizade entre ti e a mulher, entre tua descendência e a descendência dela: esta te ferirá a cabeça e tu lhe ferirás o calcanhar" (Gn 3,14-15)[1].

---

[1] Bíblia de Aparecida, Editora Santuário, Aparecida, 2006.

Também o salmo 90 (91) reza e mostra que toda pessoa vive sob o abrigo, o refúgio e a proteção de Deus: "Caminharás sobre o leão e a víbora", porque Deus há de livrá-la do poder, das maldades praticadas pelos humanos. Igualmente respalda o Evangelho: "Eu vos dei o poder de pisar serpentes, escorpiões e toda a força do Inimigo, e nada vos fará mal" (Lc 10,19).

Por conseguinte, as imagens que representam Maria, em sua Imaculada Conceição, são uma tentativa de mostrá-la como reflexo do "Sol nascente", Jesus Cristo (Lc 1,78). Ela é comparada à lua, que brilha refletindo a luz do sol. "Quem é esta que avança como a aurora, bela como a lua, fulgurante como o sol" (Ct 6,10). Nossa Senhora é conhecida como a mulher "vestida com o sol", com a "lua debaixo dos pés" e está "coroada de estrelas" (Ap 12,1). Portanto, Maria aceitou e colaborou para ser inteiramente dependente da graça Divina.

A velha serpente, símbolo do mal, que Nossa Senhora pisa, significa: ainda que Maria ferida pela dor, o *veneno da maldade* não lhe fez nenhum efeito por causa de sua Imaculada concepção, pois Ela sempre foi imune da culpa original. Por isso, Ela também é vista como exemplo de *superabundância da graça* para a consumação da justiça, ou seja, da santidade (Rm 5,21). Essa graça infalível foi dada por Deus a Maria, Mãe de Jesus, porque Ela assumiu o querer Divino em sua vida: "Faça-se em mim segundo a tua Palavra" (Lc 1,38).

Em Maria, o querer Divino se consuma continuamente. Nesse seu querer, há o germe de eternidade: um antes, durante e depois. Por isso os fiéis cristãos aprendem, no decorrer dos séculos, com Maria, os ensinamentos de seu Filho Jesus: "Façam o que Ele mandar" (Jo 2,5). Então, a Mãe de Deus e nossa mãe é a referência maior de exemplo de santidade, depois da Humanidade do Verbo. Mesmo porque a santidade de Maria de Nazaré é garantida e sustentada pelos merecimentos de Cristo, nosso Salvador.

Da pessoa de Maria, que sempre serviu a Deus e aos semelhantes, "em justiça e santidade" (Lc 1,73.75), podemos aprender: a fé, a escuta e meditação da Palavra (Lc 1,38; 2,19); a vocação à maternidade divina e virgindade (Mt 1, 8.25); a caridade atenta e serviçal (Lc 1,39.56; Jo 2,3); o sofrimento (sete Dores, na Paixão e Morte redentora de Jesus) e a Alegria (sete Alegrias: a Encarnação, o Nascimento, a Ressurreição, a Ascensão de Cristo, Pentecostes, a Assunção e a Coroação de Maria). Maria Santíssima é também a primeira discípula na Igreja a interceder e rezar em comunidade (Jo 19,26-27; At 1,14)[2].

No Ocidente, as representações (desenhos e pinturas de cenas bíblicas) são conhecidas e valorizadas pelos cristãos desde o século II da Era Cristã, a começar pelas catacumbas romanas. A partir do século IV, com Paulino de Nola (354-431) e Gregório Magno (540-604), aparece "A ideia de que as imagens seriam a Bíblia dos analfabetos". Sabe-se que os modos e as formas de representações iconográficas tiveram evoluções no decorrer de toda a Idade Média, de acordo com a inculturação da fé e da doutrina Católicas. Todavia, somente a Reforma Católica, com

---

[2] RIZZI, 1993, p. 137-139.

o "Concílio de Trento (1564), tratou de termos positivos e negativos da consciência entre conteúdo da imagem e doutrina eclesiástica"[3], quando se deu uma clareza maior sobre as representações, em imagens sacras, sobre a mística e espiritualidade católicas.

Em Portugal, o cardeal-rei D. Henrique foi "quem aceitou como lei do reino e mandou publicar em Portugal os decretos do concílio (Tridentino), por alvará de 12 de setembro de 1564. Posteriormente, foi suscitada a observância do concílio por lei de 16 de junho de 1668"[4], após a Restauração Portuguesa de 1640. Por isso, as Constituições da Igreja no Brasil (1707) também seguem as prescrições católicas do Concílio de Trento.

> O uso das sagradas Imagens de Christo nosso Senhor, de sua Mai Santissima, dos Anjos, e mais Santos é approvado pela Igreja Catholica, que manda as haja nos Templos, e sejão veneradas; não por que se creia que nellas há alguma Divindade, porque devão ser veneradas; mas porque o culto, que lhes dá, refere-se, somente, ao que ellas representão. Por tanto conformando-nos com a antiga tradição da Igreja Cathólica, e definições dos Sagrados Concílios, ordenamos que às ditas Imagens, ou sejão de pintura, ou de esculptura, se faça a mesma veneração, que aos originaes, e significados, considerando, que no culto, que a ellas damos, veneramos, e reverenciamos a Deos nosso Senhor, e aos Santos, que ellas representão[5].

---

[3] KÖNIG, 1998, p. 280.
[4] OLIVEIRA, 1942, p. 209.
[5] Constituições do Arcebispado da Bahia, Tit. VIII, n. 27, p. 10.

Depois do Concílio de Trento, os artistas barrocos portugueses e indo-portugueses e, também brasileiros, souberam esculpir imagens da Imaculada com rara beleza e significados. Nelas, contêm expressões de uma busca que vai além das forças humanas. O divino atrai o humano, provocando-o às mudanças de mentalidades, forjando a tomar novas e boas atitudes, levando-o a uma nova identidade. São imagens sacras que despertam a sensibilidade humana para assumir com fé, inclusive, as situações difíceis da vida. Essas representações da "Mulher forte" nos mostram que Maria se tornou a referência que perpassa os séculos da História do Cristianismo. De fato, as gerações continuam a chamá-la de bendita!

As igrejas barrocas são simples por fora e exuberantes por dentro.

> Nota-se, pois, que os templos têm sim um valor artístico, mas que se coloca como meio de elevação do ser humano para se encontrar com sua divindade. E, para que isto aconteça, todos os meios de convencimento são válidos. Contudo, a importância primeira é cultual: exprimir o seu significado cristão-eclesiológico[6].

Aqui vale lembrar que essa "elevação do ser humano" é para enfatizar que o humano é o único ser criado à imagem e semelhança de seu Criador.

Por essa razão e em pormenores, as "Constituições da Igreja no Brasil" (1707) enfatizam que, nos templos católicos, a arquitetura e as artes, inclusive, nos

---

[6] PAIVA, 2011, p. 57.

> retábolos, ou se ponhão dos mysterios, que realizou Christo nosso Senhor em nossa Redempção, por quanto com ellas se confirma o povo fiel em os trazer à memória muitas vezes, e se lembrão dos benefícios, e mercês, que de sua mão recebeo, e continuamente recebe, e se incita também, vendo as Imagens dos Santos, e seus milagres, a dar graças a Deos nosso Senhor, e aos imitar[7].

Esses devem ser os motivos verdadeiros da arte sacra que brotam do Mistério de Cristo e para Ele tudo se converge. Por isso, a imagem do Crucificado continua sendo a principal arte sacra em evidência nos lugares sagrados católicos; isto é, nas igrejas. Assim, as ditas Normas exigem dos bispos, párocos e pastoralistas o diligente zelo "e cuidado que nisso devem ter e também em procurar que não haja, nesta matéria, abusos, superstições, nem cousa alguma profana, ou inhonesta"[8].

O Concílio Vaticano II (1965), na Constituição Dogmática *Lumen Gentium*, mostra-nos como Nossa Senhora é também a figura da Igreja.

> Em virtude da graça da divina maternidade e da missão pela qual ela está unida com seu Filho redentor, e em virtude de suas singulares graças e funções, a bem-aventurada Virgem está também intimamente relacionada com a Igreja. Já santo Ambrósio ensinava que a Mãe de Deus é o tipo da Igreja na ordem da fé, da caridade e da perfeita união com Cristo[9].

---

[7] Constituições do Arcebispado da Bahia, p. 256.
[8] Idem, Idem, p. 256.
[9] Lumen Gentium, n. 63.

Portanto, Maria é para a Igreja Católica a referência principal depois de Cristo.

A Igreja Católica, a exemplo de Maria, continua a construir o Reino de Deus com a prática da Justiça comum, da Fraternidade universal e da Paz entre seus fiéis. É Deus quem nos chama para realizar um serviço, uma missão, por meio de sua Igreja, a todo gênero humano. Desse modo, todo batizado tem o dever de utilizar de seus dons a serviço, sob a luz da fé, na Comunidade Igreja.

Maria é também Imagem da Igreja

A figura da Igreja também é comparada à "imagem e semelhança" de Maria, como o Livro do Apocalipse no-la apresenta simbolicamente: "Apareceu no céu um grande sinal: uma Mulher vestida como o sol, tendo a lua debaixo dos pés, e sobre a Cabeça uma coroa de doze estrelas" (Ap 12,1). Maria é esta figura referencial para os católicos e outros que acreditam na fidelidade dela.

O Segundo Testamento descreve a Igreja Católica com símbolos e imagens, para ser compreendida em sua realidade e dinamismo. A Igreja tem uma missão a cumprir, na Unidade e na Diversidade. O equilíbrio eclesial está fundamentado no poder de Deus, na honra de Jesus Cristo e na glória do Espírito Santo. Isso nos alerta que o poder, a honra e a glória pertencem à Santíssima Trindade. Aos cristãos cabe o exercício (serviço) da caridade universal, isto é, os(as) batizados(as) que aceitam e cooperam para a transformação (conversão) pessoal, comunitária e em toda a Igreja.

A Tradição da Igreja, através da história, mostra-nos que sempre houve comunicação e modos múltiplos no anúncio e nas práticas do Evangelho. Há continuidades nos saberes diferentes e nas práticas diversificadas. O ser Igreja está exatamente naquilo que seus fiéis acreditam e praticam, cotidianamente.

A Igreja, fundada em Cristo (Mt 16,18), assistida pelo Espírito Santo (At 9,31), por meio dos apóstolos e sucessores, discípulos e missionários (At 16,28), difunde-se e cresce continuamente (At 2,48), não obstante as perseguições e dificuldades (Jo 16,33; Rm 8,36-37). Jesus Cristo deu aos que creem a capacidade de manter a união (Jo 10,16; 1Cor 12,13), buscar a integração (Fl 2,2-4) e caminhar com Ele, por Ele e Nele (Fl 3,16), exercitando a caridade fraterna.

A Fraternidade cristã nos garante a diversidade na unidade (Rm 12,4-5). Essa virtude essencial, humano-cristã, carece de fé e esperança (1Cor 13,13) para sua consumação. Por isso, a caridade requer o mínimo de conhecimento e respeito a si mesmo e ao próximo. Essa ciência do conhecimento (inteligência) é necessária para a compreensão e o entendimento de si e dos semelhantes. Então, entre ciência e compreensão deve haver discernimento: capacidade para distinguir o mal e o bem. A vivência da caridade permite somente a prática do bem. Ela visa ao melhor, ainda que seja aos inimigos. A caridade é uma ação pascal!

As Sagradas Escrituras nos apontam muitos chamados para diversos serviços. Assim foram as vidas gastas em favor do Povo de Deus. Assim foi no Primeiro Testamento, que nos apresenta Abraão, Moisés, Samuel, Isaías, Jeremias, Ezequiel, Amós e tantos outros. No Segundo Testamento, Jesus chamou os apóstolos Pedro e André (Mt 4,18-20), Tiago e João (Mt 4,21-22, Mateus (Mt 9,9), Felipe e Natanael (Jo 1,43-35) e instituiu os doze (Lc 6,12-16). E o Mestre lhes deu uma missão a cumprir (Jo 20,21-23). Seus seguidores deviam levar uma vida simples (Mt 10,9-10), honrar e testemunhar Jesus (At 10,41), em todos os lugares por onde passassem (Lc 10,1).

Os diversos ministérios, na Igreja, articulam-se de tal modo que se devem afinar-se com o Mistério de Cristo, tornando-se serviço na sociedade humana (Rm 15,16). Em sua segunda Carta, Timóteo nos mostra o quanto é necessário, desafiante e construtivo o habilitar-se no Serviço da Igreja. É a missão de Cristo a caminho. E cada batizado (a), segundo sua vocação, tem sua missão a cumprir na Igreja, sob as luzes da fé cristã. Em Cristo tudo se soma, nada se divide!

Assim também vemos que Maria Santíssima é a figura da Igreja, porque Jesus Cristo é nosso irmão Primogênito. "E ele que, tendo nascido da Virgem Mãe pelo poder do Espírito Santo, por ação do mesmo Espírito, fecunda sua igreja imaculada, a fim de gerar, pelo nascimento batismal, uma inumerável multidão de filhos de Deus[1]." É pelo exercício da fé, sendo Igreja, que os batizados se fazem irmãos e irmãs. Assim ensinava o papa Leão Magno (400-461).

---

[1] Liturgia das Horas, 1995, vol. II, p. 595.

No século XII, o beato Isaac da Estrela, mostrava "esta ligação íntima entre Maria, a Igreja e cada fiel, enquanto de maneira diversa geram Cristo", segundo nos diz o nosso querido Papa Francisco:

> "Nas Escrituras divinamente inspiradas, o que se atribui em geral à Igreja, Virgem e Mãe, aplica-se em especial à Virgem Maria. Além disso, cada alma fiel é igualmente, a seu modo, esposa do Verbo de Deus, mãe de Cristo, filha e irmã, virgem e mãe fecunda. No tabernáculo do ventre de Maria, Cristo habitou durante nove meses; no tabernáculo da Igreja, permanecerá até o fim do mundo; no conhecimento e amor da alma fiel habitará pelos séculos dos séculos"[2].

A Igreja exerce seu papel de Mãe e Mestra à semelhança de Maria.

Para os cristãos genuínos, Cristo viveu toda a realidade humana sem se omitir na dignidade divina. Logo, as virtudes humanas podem ser experienciadas à luz da fé e da ética cristãs, por desígnio da Encarnação do Verbo. Por essa razão, o estilo de vida cristã sempre foi visto como interação e humanização do gênero humano. Nessa perspectiva, desde o Período Colonial, a Igreja sempre ensinou e articulou na mentalidade dos brasileiros. "A vivência das virtudes visava não só aproximar os fiéis da santidade, mas também estabelecer a ordem social. Deste modo, ela tinha um caráter político. Assim o homem dos setecentos

---

[2] Evangelii Gaudium, 2013, n. 85.

vivia a fé, mantendo a harmonia entre Igreja e Estado e se comprometendo em assegurar os direitos do outro[3]." De fato, a práxis cristã é compromisso com direitos e deveres contidos no Evangelho.

O Concílio Vaticano II, por meio da *Lumen Gentium*, afirma:

> Enquanto na beatíssima Virgem a Igreja já atingiu a perfeição, pela qual existe "sem mácula e sem mancha", os cristãos ainda se esforçam por crescer em santidade vencendo o pecado. Por isso elevam seus olhos a Maria, que refulge para toda a comunidade dos eleitos como exemplo de virtudes. Piedosamente nela meditando e contemplando-a à luz do Verbo feito homem, a Igreja entra, com reverência e mais profundamente, no sublime mistério da encarnação, assemelhando-se cada vez mais ao Esposo[4].

Para todos os efeitos, diz a *Evangelii Gaudium*:

> Há um estilo mariano na atividade evangelizadora da Igreja. Porque, sempre que olhamos para Maria, voltamos a acreditar na força revolucionária da ternura e do afeto. N'Ela, vemos que a humildade e a ternura não são virtudes dos fracos, mas dos fortes, que não precisam maltratar os outros para se sentir importantes. Fixando-a, descobrimos que aquela que louvava a Deus, porque

---

[3] PAIVA, 2011, p. 51.
[4] Lumen Gentium, n. 64.

"derrubou os poderosos de seus tronos" e "aos ricos despediu de mãos vazias" (Lc 1,52.53), é a mesma que assegura o aconchego de um lar a nossa busca de justiça[5].

A santidade é essencialmente humanizadora.

Portanto a Igreja Católica, à semelhança de Maria, assume a missão de Cristo sendo fé viva na leitura dos sinais dos tempos, ensina aquilo que acredita e realiza seus testemunhos-serviços, no compromisso com o Evangelho.

---

[5] Evangelii Gaudium, 2013, n. 288.

A devoção mariana na missão da Igreja

Maria Santíssima vem marcando o discipulado de Cristo, desde a origem da Igreja, e, continuamente, palmeia as Comunidades Católicas.

Os escritores cristãos da Antiguidade pontilham a história do Catolicismo com exemplos e significados com relação à pessoa de Maria. O famoso biblista Orígenes (185-252) nos recorda afirmando que a expressão bíblica "cheia de graça" (Lc 1,28) é unicamente dedicada à Mãe de Deus e nossa mãe.

Na Igreja, desde a Antiguidade, os pensadores e escritores católicos deixaram registradas as suas inspirações, aplicações teológicas e espirituais, relacionadas com a Imaculada Conceição Maria Santíssima. Já no século III e IV, a Igreja e eles acreditavam, justificavam e afirmavam que a Mãe de Jesus foi concebida "toda pura, sem mancha e sem pecado". Faz parte desse elenco, dentre outros, os santos:

Anfilóquio, Crisóstomo, Agostinho, Leão Magno, o Papa Martinho I, João Damasceno, Jorge de Nicomédia. São Sofrônio (séc. VII), bispo de Jerusalém, afirmou "que a Mãe de Deus e Virgem imaculada trouxe nos braços a verdadeira luz e a comunicou aos que jaziam nas trevas"[1]. Posteriormente, São Tarásio († 806) de Constantinopla ensinava que Maria "foi predestinada desde a criação do mundo, eleita entre todas as gerações, para que fosse a morada imaculada do Verbo, oblação imaculada da natureza humana"[2]. No século X, em 8 de dezembro, já se celebravam a festa da Imaculada Conceição na Hungria, na França e na Inglaterra, cujo costume veio para o Ocidente com os monges da Igreja Católica do Rito Greco.

Santo Anselmo de Cantuária (1093-1109), bispo e doutor da Igreja, disse: "Deus é o Pai das coisas criadas, e Maria a mãe das coisas recriadas. Deus é o Pai da criação universal, e Maria a mãe da redenção universal, pois Deus gerou aquele por quem tudo foi feito, e Maria deu à luz aquele por quem tudo foi salvo", Jesus Cristo, Senhor nosso[3].

Por essa ocasião, São Bernardo de Claraval (1090-1153), cisterciense, por sua sabedoria e santidade, deixou-nos muitos escritos mariológicos convincentes; dentre as suas muitas afirmações vemos esta: "A Deus competia nascer de uma virgem unicamente; e era claro que do parto da Virgem somente viesse Deus à luz. Quis então que fosse

---

[1] Liturgias das Horas, vol. III, p. 1236.
[2] MACIEL, Cadernos Marianos, 1999, n. 6, p. 11.
[3] Liturgia das Horas, vol. I, 1995, p. 1044.

uma virgem. Da imaculada nascendo o imaculado, aquele que purifica as máculas de todos"[4]. Da mesma forma, outro cisterciense, Santo Elredo (1110-1167), assim ensinava sobre Maria Santíssima: "Sendo mãe de Cristo, ela é, portanto, mãe de nossa sabedoria, de nossa justiça, de nossa santificação, de nossa libertação. Assim é mais nossa mãe do que a mãe do nosso corpo"[5]. Assim, os cristãos continuavam acreditando em Maria, também na condição de Mãe e Imaculada.

No Condado Portugalense, desde sua conquista e início de seu governo (1128-1185): "D. Afonso Henriques, segundo o cronista dos Cônegos Regrantes, trazia consigo no exército uma imagem de N. Senhora da Conceição, chamada da Enfermaria, que entregou como troféu de vitória ao mosteiro de S. Vicente de Fora"[6]. Portanto, em Portugal, desde a primeira metade do século XII, já se celebrava a festa da Conceição de Maria, segundo o historiador, Frei Agostinho de Santa Maria (1642-1728):

> Pelos annos de 1149, já no nosso Portugal, se celebrava e festejava a Conceição de Maria Santissima, como diz o Autor da História Ecclesiastica de Lisboa, aonde traz que em oito de Dezembro deste mesmo anno, dia consagrado à Conceição de Maria, a qual naquelle tempo se tinha grande devoção em Portugal, como consta dos seus Breviarios antigos; doára El Rey D. Affonso Henriques trinta casas para morada dos Conegos, & mais Ministros da Sé,

---

[4] Liturgia das Horas, 1995, vol. IV, p. 109.
[5] Liturgia das Horas, vol. III, p. 1516.
[6] OLIVEIRA, 1940, p. 136.

> & as rendas, & terras de Marvilla. Pouco depois, por devoção do mesmo Rey D. Affonso se edificou hua Igreja em a Villa de Alcobaça dedicada ao mysterio da Conceição da Senhora, que hoje persevera em freguesia[7],

ou seja, que hoje preserva em nossa paróquia. No tempo do rei D. Diniz de Portugal, em 1320, o bispo D. Raimundo de Eberard I já celebrava a Festa da Imaculada Conceição na catedral de Coimbra. Igualmente, no Convento de Alcobaça, o Irmão cisterciense, Frei João (1244-1339), muito colaborava na divulgação da devoção à Imaculada Conceição, tinha singular amor por Nossa Senhora e morreu com fama de santidade. Ainda em Coimbra, foi o bispo D. Pedro Gomes Barroso quem oficializou por "Carta aberta", datada de 17 de outubro de 1358, para que se fosse celebrada "em cada anno no oytavo dia do mês de Dezembro, no qual dia a virgem gloriosa santa Maria foy concebida"[8]. E os fiéis coimbrenses que se fizessem presentes nessa festa receberiam absolvição geral de seus pecados. Essa Carta também estabelece que a Liturgia das Horas deste dia 8 de dezembro fosse própria desde a Hora Prima até as Completas.

Durante o Concílio de Basileia, em 17 de setembro de 1439, foi emitido um Decreto, no qual se declarava sobre a doutrina favorável à Imaculada Conceição. Neste, os conciliares afirmavam que era uma devoção piedosa conforme o culto da Igreja, a fé católica, as Sagradas Escrituras

---

[7] SANTA MARIA, 1707, vol. I, p. 83.
[8] PT-TT-CSC-2M046-1820m0001.TIF.

e a reta intenção, por isso devia ser seguida por todos os católicos. Porém, devido à interrupção desse Concílio, não houve tempo hábil para a votação do dito Decreto.

Na Universidade de Paris (França), desde 1469, seus doutores faziam juramento de defender a Imaculada Conceição de Maria. Costume esse, que posteriormente (1515), foi estendido às Universidades de Oxford, Cambridge, Tolosa, Viena e outras.

O Papa Sisto IV, em 27 de fevereiro de 1477, promulgou a Constituição *Cum Praecelsa* dando aprovação solene à Festa da Imaculada Conceição, com Missa e Ofício próprios, já tradicionalmente celebrados em muitos lugares. Essa Constituição afirma:

> Parece-nos conveniente e até necessário incentivar aos fiéis a que deem glória a Deus concedendo indulgências para a remissão dos pecados; demos graças pela maravilhosa concepção desta mesma Virgem Imaculada. E insistimos a que celebrem ou assistam às missas ou outras divinas funções instituídas para este fim[9].

Esses argumentos nos mostram que, no pontilhar da História das Devoções autênticas, há o "dedo" de Deus, ou seja, na caminhada de fé dos que creem, na esperança e no bem comum por eles praticados.

No Concílio de Trento, em 17 de junho de 1546, na V sessão, o Papa Paulo III confirma: "Este santo sínodo declara também que não incluímos neste decreto, no que

---

[9] Cadernos Marianos, 1999, n. 6, p. 12.

se trata do pecado original, a Bem-aventurada e Imaculada Virgem Maria, Mãe de Deus. Neste ponto, devem seguir-se as constituições de Sisto, de feliz memória"[10]. Seguindo essa prescrição da Igreja, em Portugal, "a liturgia bracarense tomou feição acentuadamente mariana: no século XV, foi inserido no breviário o ofício da Conceição de Maria, e, no missal editado em 1558, ordenou-se a recitação da Ave-Maria no princípio da missa e da Salve-Regina no fim"[11].

Com isso, a devoção à Imaculada Conceição entre os lusitanos se acentuou ainda mais no século XVII.

> Já em 1618, a câmara municipal de Lisboa mandou gravar em pedra, nas portas principais da cidade, letreiros em que se afirmasse que a Virgem Maria foi concebida sem pecado original. No sínodo da Diocese de Guarda de 1634, no de Braga de 1637 e no de Coimbra de 1639, o clero jurou solenemente defender a Imaculada Conceição. Era o prelúdio da homenagem nacional que em breve lhe seria prestada[12].

Mesmo porque a Piedade Popular Portuguesa já havia assumido culturalmente essa verdade de fé cristã católica. Por isso, o rei D. João IV, no primeiro dia da Oitava da festa da Imaculada, em 1° de dezembro de 1640, consagrou o Reino Português e suas Colônias a Nossa Senhora da Conceição. A partir desta data, todas as imagens da Virgem

---

[10] Cadernos Marianos, 1999, n. 6, p. 13.
[11] Oliveira, 1940, p. 233.
[12] Idem, Ibdem, p. 233.

Maria, no Reino e suas Colônias, passaram a usar coroa semelhante à coroa régia portuguesa.

Essa Família Real, na solenidade da Encarnação do Verbo, em 25 de março de 1646, com aprovação unânime das cortes de Lisboa, proclamou oficialmente Nossa Senhora como Padroeira de Portugal e suas Colônias. Quando fizeram Promessa e o Juramento de vassalagem para "defender, com sacrifício da própria vida se necessário fosse, que a Virgem Nossa Senhora tinha sido concebida sem pecado". Essa Declaração Régia conclui:

> E se alguma pessoa intentar coisa alguma contra esta nossa PROMESSA, JURAMENTO e VASSALAGEM, a havemos por não natural e queremos que seja logo lançado fora do reino; e se for rei, o que Deus não permita, haja a sua e a nossa maldição e não conte entre os nossos descendentes, esperando que pelo mesmo Deus que nos deu o Reino e subiu à dignidade Real seja dela abatido e despojado[13].

O intuito era de uma nação comprometida com Cristo, a exemplo de Nossa Senhora.

Em 30 de junho de 1654, o rei D. João IV ordenou que, nas entradas das cidades, vilas e lugares públicos, colocasse em pedra lavrada um escrito alusivo a sua Promessa, Juramento e Vassalagem, defendendo e confessando que *a Virgem Maria,* Mãe de Deus, *foi concebida sem pecado original*. Assim foi feito em Portugal e suas Colônias, inclusive no Brasil.

---

[13] Cadernos Marianos, 1999, n. 6, p. 14.

O Papa Alexandre VII (1599-1667), na *Constituição Sollicitudo*, publicada em 8 de dezembro de 1661, afirma:

> É muito antigo o sentimento de piedade dos fiéis para com a Santíssima Virgem Maria, Mãe de Deus. Eles creem que sua alma, desde o primeiro momento de sua criação e infusão no corpo, esteve isenta do pecado original por privilégio especial de Deus, em atenção aos méritos de Jesus, seu Filho e Redentor do gênero humano. E neste sentido os fiéis celebram a festa de sua Conceição[14].

Pois as maravilhas de Deus, realizadas em Maria e por Maria, dependem de Cristo.

O papa Clemente X (1590-1676), em 8 de maio de 1671, confirmou, por meio do Breve *Eximia Dilectissimi*, que a Padroeira de Portugal fosse Nossa Senhora da Conceição. Essa norma, embora já fosse praticada, foi legislada como dia santo de guarda para a Igreja no Brasil, em 1707: "Dezembro. Aos 8 a Conceição da Virgem Nossa Senhora, Padroeira do nosso Reino"[15].

Nessa época, a Igreja Católica utilizava-se da cultura barroca para despertar inspirações constantes nas pessoas que passavam por dificuldades e que, a exemplo dos personagens bíblicos ou santos, souberam superá-las. Estamos falando de

> uma sociedade, em que o divino e profano se cruzam, chocam-se e se misturam, é preciso que a pessoa de princípios cristãos consiga encontrar modelos de vida.

---

[14] Cadernos Marianos, 1999, n. 6, p. 15.
[15] Constituições do Arcebispado da Bahia, p. 150.

A catequese visual torna-se central na defesa da fé e dos valores éticos e morais, visando despertar no fiel as mesmas virtudes expressadas na vida das personagens por ele observadas[16].

Isto é, também nas imagens sacras e ritos sagrados. Em 1717, o rei D. João V de Portugal recomendou aos bispos e cabidos que celebrassem a Festa da Imaculada com maior solenidade e grandeza. Logicamente, que essa recomendação foi se ampliando cada vez mais em Portugal e suas colônias, por meio das instituições religiosas, acadêmicas e governamentais.

Os estudantes da Academia Real de História de Portugal, desde 15 de dezembro de 1733, passaram a fazer o juramento de defender o mistério da Imaculada Conceição de Maria. No mesmo ato, o rei e o príncipe herdeiro português renovaram o mesmo Juramento Régio. A partir dessa data, a Imaculada Conceição tornou-se também a padroeira dos historiadores.

A devoção, o sentido e o significado de Nossa Senhora concebida sem pecado foram se sedimentando, esclarecendo-se, aprofundando-se e se amadurecendo nas práticas religiosas do cotidiano. Assim se criou uma mística em torno da Virgem Maria, que foi sacralizada pela graça de Deus. Ela tornou-se o ponto de encontro entre o Divino e o humano, o natural e o sobrenatural, o perdido e o reencontrado.

Enfim, tendo em vista esses argumentos doutrinários e dados históricos sobre a experiência milenar de fé cristã

---

[16] PAIVA, 2011, p. 49.

católica, referentes ao mistério da Imaculada Conceição, valorizados pela Tradição, corroborados pelos diversos santos padres e Concílios da Igreja, todos eles evidenciam que a Mãe de Jesus é exemplo assumido e integrado na prática do Evangelho.

IV

Maria, esperança do povo Brasileiro

O povo brasileiro herdou a Devoção Mariana vinda de Portugal e de outras suas irmãs Colônias.

Aqui, na Terra de Santa Cruz, os primeiros títulos marianos aparecem desde o alvorecer do século XVI. A saber, a Devoção a Nossa Senhora da Conceição pontilha o Brasil ao longo da História, em Itamaracá-PE (1528), Itanhaém-SP (1533), Guarapari-ES (1545), Angra dos Reis-RJ (1593), Salvador (1523), Marechal Teodoro-AL (1633), Guarulhos-SP (1668), Raposos-MG (1690), Antônio Paranhos-PR (1699) e Jacareí-SP (1700), Piranga-MG e Sabará-MG (1703), Conselheiro Lafaiete-MG (1709), Mariana-MG (1711), Prados-MG e Catas Altas-MG (1712), Serro Frio-MG (1713), Ouro Preto-MG (1716), Aiuruoca-MG e Antônio Pereira-MG (1717), Pouso alto-MG (1727) e Cunha-SP (1731). Esses são alguns dados que exemplificam o estudo em questão. Assim, no Brasil, seguem, sucessivamente, os títulos marianos em nossas comunidades católicas nos períodos: Colonial (1516-1808), Reino (1808-1822), Imperial (1822-1889) e Republicano.

Em Itanhaém, litoral paulista, em 1533, nasceu e se desenvolveu a segunda Comunidade Católica no Brasil sob o patrocínio de Nossa Senhora da Conceição. A essa igreja, os católicos acorriam com muita piedade e devoção.

> Com esta Santissima Imagem tinha grande devoção o Santo Padre Joseph de Anchieta, morando na Villa de São Vicente, & sendo Reytor do seu Collegio, aonde foy eleyto no anno de 1569. E todas as vezes que vinha àquella Villa, hia sempre dizer Missa no Altar da Senhora, & na sua Casa pregava muytas vezes[1].

Principalmente nas Festas anuais "da Senhora da Conceyção em presença de grande concurso," isto é, de uma multidão devota.

O Pe. Antônio Vieira, SJ (1608-1697), missionário jesuíta, grande pregador, expoente da língua portuguesa, foi teólogo e mariólogo conceituado. Ainda quando diácono, em 8 de dezembro de 1635, pronunciou seu legítimo sermão barroco sobre o mistério da Imaculada Conceição de Maria. Nesse, o autor "começa pelos fins e termina pelos princípios" e assim nos mostra os "primores da Onipotência de Deus, e sutilezas de sua Divina Sabedoria". A 8 de dezembro, naquele dia santificado em honra à concepção da Mãe de Deus, o exímio pregador

---

[1] SANTA MARIA, 1723, p. 123s.

argumentou: "Ora em dia, e em obra, em que o mesmo Deus andou as avéssas, também eu não quero pregar às direitas. Havemos de começar hoje pelo fim, e acabar pelo princípio. Havemos de acabar por onde os outros começam, e começar por onde acabam". Ele, sabiamente, expõe que Deus "cedeu de seu direito nesta obra, e concedeu-o à Graça" privilegiada na concepção de Nossa Senhora. "Primeiro foi em Maria o ser Santa, que o ser mulher. Começou Deus na Virgem Santíssima, por onde acaba nos outros Santos, e acabou por onde começa. Lá começa pela Natureza e acaba pela Graça: cá começou pela Graça, e acabou pela Natureza:"[2] assim nosso querido Deus manifestou-se em seu poder misterioso.

O Irmão Domingos da Conceição (1643-1718), beneditino, português de Matozinhos, escultor e pintor sacro, residiu em Santo Amaro-SP e no Rio de Janeiro. Sua especialidade era fazer imagens do Crucificado, com braços móveis que "se uza no Descimento da Cruz na sexta feira maior"[3]. Esse religioso artista é pouco conhecido na atualidade, mas muito divulgou a devoção a Nossa Senhora da Conceição, embora sabendo-se que os beneditinos foram os primeiros religiosos missionários em Minas Gerais, nos fins do século XVII e início do século XVIII.

---

[2] VIEYRA, 1699, p. 1 e 3.
[3] MOSTEIRO, 1927, p. 149.

Nesse contexto, nas margens do Rio Paraíba do Sul, teve

como primeira capela de Pindamonhangaba, a que o Cap. Manoel da Costa Cabral (o velho) levantou nesta região e em sua fazenda, antes de 1663 e tendo por orago de N. S. da Conceição. Essa capela teria sido ereta por Manoel (pai), mas a provisão conhecida se passou em 1663, ao seu filho homônimo, isso porque, com certeza, aquele faleceu em 1659[4].

Aqui vale lembrar que Manoel Cabral era açoriano da Ilha de São Miguel. Esse dado histórico nos confirma a presença da devoção à Imaculada, também nessa Região Paulista.

A Casa de Fundição em Minas Gerais foi criada por D. João V, em 11 de fevereiro de 1724, quando também foi sansionada a "Lei da Moeda". O governador D. Pedro de Almeida (1688-1756) disse que havia estabelecido, em um dos capítulos de seu Regimento, uma oferta de 24$000,00 Réis para cada "Solenidade do Corpo de Deus" (*Corpus Christi*) realizada na capital do Brasil, em Salvador-BA.

No mesmo Capítulo Se manda outro Sy continuar com vinte e quatro mil réis de oferta cada anno a Nossa Srª da Conceição Padroeyra do Reyno em o dia da Sua festa na Capella Real. Também por Reprezentação minha me ordenou V. Magde. fizesse a mesma oferta na Igreja da Senhora da Conceição Sitas na Praya da mesma Cidade. E porque esta Villa em o Sitio que chamão o Arrayal de Antonio Dias há húa Igreja com a invocação de Nossa

---

[4] ABREU, 1977, p. 153.

Senhora da Conceição, o faço prezente a V. Magde., para que Sendo Servido Rezolva Se hey de fazer a Refferida oferta. VMagde. ordenará o que for mais do Serviço de Deos. Villa Rica 16 de Sebr de 1724[5].

Isso significa que o governo das Minas teve o intuito de dar maior grandeza à Festa da Imaculada, também em Ouro Preto. Os Juramentos feitos no Brasil Colonial, além do compromisso espiritual, tinham também efeitos jurídicos. Dentre muitos exemplos, podemos mencionar santo Antônio Galvão, OFM (1736-1822), frade franciscano, brasileiro de Guaratinguetá-SP, que fez sua consagração religiosa em 6 de abril de 1761. De acordo com o costume da Ordem Franciscana, antes de proferir os votos religiosos, fazia-se o seguinte juramento: "Prometo e juro por estes Santos Evangelhos de defender, até dar a própria vida, a conclusão em que confessamos que a Virgem Maria Nossa Senhora foi concebida sem pecado original e dele preservada pelos merecimentos de Nosso Senhor Jesus Cristo, seu Santíssimo Filho"[6]. Testemunho esse que Frei Galvão levou a sério durante toda a sua vida.

No século XVIII, a Devoção à Imaculada Conceição deixou marcas profundas na Piedade Popular Brasileira, pois, no período de 1701 a 1800, foram instituídas outras sessenta e cinco paróquias com esse título. Dessa época, sobretudo em Minas Gerais, destacam-se as arquiteturas

---

[5] AHU – ACL – Minas Gerais, Catálogo: 492, i. 3.
[6] MARISTELA, 1998, p. 30.

e esculturas de Antônio Francisco Lisboa (1737-1814), o Aleijadinho, e seus colaboradores, e as pinturas de Manuel da Costa Ataíde (1762-1837), que marcam época com suas profundas reverências à Mãe Imaculada. Havemos de lembrar também de outros compositores e músicos brasileiros que ajudaram na sedimentação da identidade nacional. Além disso, executaram e compuseram músicas dedicadas também à Imaculada Conceição.

Nesse período de expansão da Devoção Mariana, a espiritualidade cristã foi influenciada pela mentalidade barroca, quando a arte sacra evidenciava as virtudes naturais: Prudência, Fortaleza, Temperança e Justiça, contrapondo-se, respectivamente, aos vícios da Ignorância, Fraqueza, Concupiscência e Maldade. Consequentemente, propunham-se a prática das virtudes morais da Religião, da Humildade, da Obediência, da Alegria, da Paciência, da Penitência. Essas que se somam à Fé, à Esperança e à Caridade dos cristãos batizados.

O Brasil, na condição de Reino Unido (1808-1818), D. João VI (1767-1826), em 1818, confirmou as provisões de seus predecessores portugueses com a criação de uma Ordem Militar com o intuito de perpetuar "*a devoção que consagro a nossa* Senhora da Conceição, Invocada por Padroeira destes reinos pelo Senhor Dom João IV, meu predecessor e avô, tenho determinado instituir uma Ordem Militar da Conceição"[7], no Rio de Janeiro.

---

[7] Cadernos Marianos, 1999, p. 18.

No Brasil Imperial (1822-1889), começou com a Independência, em 7 de setembro de 1822, quando D. Pedro I se fez imperador. Mas sua coroação e sagração imperial se deram somente no primeiro dia da Oitava da Festa da Imaculada Conceição (1º de dezembro de 1822), seguindo a tradição portuguesa que assim honrava a soberana rainha do céu e padroeira do reino. O "Almanak Geral do Império do Brasil", dirigido pelo francês Sebastião Fabregas Surigué, publicado em 1838, assinalava com duas cruzes o dia santo de guarda: "Dezembro, 8, † † Conceição de N. SENHORA, Padroeira do Império"[8].

O pontilhar da história da Igreja nos mostra, com profundidade, coerência e maturidade, que a crença na Imaculada Conceição de Maria, Mãe de Jesus, foi assumida pelos católicos de todo o mundo. A saber, que essa experiência milenar de fé cristã foi declarada dogma católico, em 8 de dezembro de 1854. Nessa época, no Brasil, já havia 133 freguesias (paróquias) dedicadas à Imaculada Conceição. Algumas delas com mais de duzentos anos de existência!

A Bem-aventurada Francisca de Paula de Jesus (1808-1895), Nhá Chica, sul-mineira, grande devota da Imaculada, deixou marcas profundas em seus admiradores, pelo exemplo de vida e testemunho cristão. "As solenidades ligadas a Nossa Senhora da Conceição marcavam o começo do mês de dezembro, culminando no dia oito, consagrado à Imaculada Conceição. Nhá Chica se dedicava com amor para deixar a capela um verdadeiro primor[9]." Essa santa

---

[8] Almanak Geral do Império do Brasil, 1838, f. XVI.
[9] SEDA, 2013, p. 200.

mulher construiu uma Capela dedicada à Imaculada Conceição, em Baependi-MG, na década de 1870.

Os missionários redentoristas, em 8 de dezembro de 1894, há quarenta dias residentes em Aparecida-SP, ficaram maravilhados com a primeira Festa de Nossa Senhora da qual eles participaram no Brasil. O Irmão Rafael, C.Ss.R. (1863-1906), escreveu dando informações ao superior Provincial dos Redentoristas na Alemanha.

> Celebrou-se aqui a festa da Imaculada, precedida de novena, com tanta pompa que tivemos de confessar jamais termos visto coisa igual. Trezentas velas ardiam diariamente na igreja sempre repleta de gente. A ladainha era sempre cantada. Foguetes e morteiros são uso da terra; então no dia da festa foi extraordinário[10].

A missa solene começou às 11 e terminou às 13 horas. Às 18 horas houve Procissão acompanhada de "grande multidão e meninas belamente vestidas de anjo", com pregação no final e queima de fogos de artifícios.

A Igreja Católica, no Brasil, no término do século XIX, já somava um total de cento e oitenta e seis paróquias dedicadas a Nossa Senhora, em seu título da Imaculada Conceição. Por ocasião do Jubileu Áureo da declaração desse dogma, em 1904, o Papa São Pio X publicou a Encíclica *Ad diem illum*, na qual ressalta o dogma da Imaculada e, ao mesmo tempo, questiona o Positivismo como viés político desenfreado. Por isso o santo exorta aos cristãos católicos:

---

[10] CORESP, Livro de 1817-1896, 1983, vol. I, p. 157.

Creiam e confessem todos os povos que a Virgem Maria esteve livre do pecado desde o primeiro momento de sua concepção. Admitam todos também a existência do pecado original, da redenção de Cristo, do Evangelho, da Igreja e incluso a lei da dor... Esta praga, que destrói por igual a sociedade religiosa e civil, é atacada pelo dogma da Imaculada Conceição da Mãe de Deus[11].

Na Carta Pastoral do Episcopado Brasileiro, dirigida ao Clero e aos Fiéis, em 1922, por ocasião do Centenário da Independência do Brasil, nossos bispos fizeram exortação e indicaram a referência do Caminho cristão: "Correi, pois, irmãos e filhos diletíssimos, correi ao santuário, invocai por intercessão da Virgem Imaculada, protetora do Brasil, Aquele a quem a Sagrada Escritura denominou o Príncipe da Paz"[12]. O povo brasileiro merece a "ordem e progresso" para a edificação do bem comum.

Na Solenidade de Todos os Santos, a 1° de novembro de 1950, o Papa Pio XII, em nome da Igreja, depois de uma consulta feita aos católicos de todo o mundo, declarou o dogma da Assunção de Nossa Senhora.

Portanto, depois de elevar a Deus muitas e reiteradas preces e invocar a luz do Espírito da Verdade, para glória de Deus onipotente, que ortogou à Virgem Maria sua peculiar benevolência; para honra de seu Filho, Rei imortal dos séculos e vencedor do pecado e da morte; para acreditar a glória desta mesma augusta Mãe e para gozo e alegria

---

[11] Cadernos Marianos, n. 6, 1999, p. 20.
[12] Idem, Ibdem, p. 20.

de toda a Igreja, com a autoridade de nosso Senhor Jesus Cristo, dos bem-aventurados apóstolos Pedro e Paulo, e com a nossa, pronunciamos, declaramos e definimos ser dogma de revelação divina que a Imaculada Mãe de Deus, sempre Virgem Maria, cumprindo o curso de sua vida terrena, foi em corpo e alma à glória celestial[13].

A Constituição Dogmática do Concílio Vaticano II, *Lumen Gentium*, de 1965, recorda e ensina aos católicos que a Santíssima Virgem Maria:

> Com seu amor de mãe, cuida dos irmãos de seu Filho, que ainda peregrinam rodeados de perigos e dificuldades, até que sejam conduzidos à pátria feliz. A Igreja não hesita em atribuir a Maria uma função assim subordinada. Pois sempre a experimenta de novo e a recomenda ao coração dos fiéis para que, apoiados nesta proteção materna, se unam mais intimamente ao Mediador e Salvador[14].

O Papa Francisco chama Maria de Nazaré: mulher orante, trabalhadora e Senhora da prontidão, que sai de si "para ir ajudar os outros", na dinâmica da justiça (santidade). "Essa dinâmica de justiça e ternura, de contemplação e de caminho para os outros faz d'Ela um modelo eclesial para a evangelização. Pedimos-lhe que nos ajude, com sua oração materna, para que a Igreja torne possível

---

[13] Cadernos Marianos, n. 6, p. 20.
[14] Lumen Gentium, n. 62.

o nascimento de um mundo novo[15]." Ela é modelo de esperança contínua.

Então, podemos notificar que, no passado, havia inúmeras irmandades sob o patronato de Nossa Senhora da Conceição. Atualmente, milhares de Comunidades Católicas continuam celebrando sua Solenidade. No Brasil de 2017, contam-se mais de quinhentas paróquias sobre o patrocínio da Imaculada Conceição e mais outras trezentas são dedicadas a Nossa Senhora da Conceição Aparecida. Assim, tal celebração e devoção se perpetuam de geração em geração! O pontilhar da história Católica no Brasil nos prova isso.

---

[15] Evangelii Gaudium, 2013, n. 288.

V

À época do "Encontro" da Imagem de Aparecida

A epopeia dos caminhos, as travessias dos rios, o subir e descer serras, montanhas e colinas, o descortinar horizontes e a mirar os marcos topográficos nas regiões de São Paulo e Minas. A religião e as devoções se fazem necessárias aos que creem e caminham na esperança da realização de seus objetivos.

A partir de 1670, no vale do Rio São Francisco, buscavam-se ouro e prata nas cabeceiras do Rio das Velhas e seus afluentes. Na medida em que as minerações do Nordeste (Itabaiana-PE) e Sul (Paranaguá-PR) ficavam escassas, acorriam-se às Gerais. Assim, formavam dois fluxos de caminhos: um que marginava o Rio S. Francisco e o Rio das Velhas e seus afluentes, passando pelos "caminhos dos currais"; outro que galgava a Mantiqueira, a partir de 1680, passando pelo Vale do Paraíba Paulista, tomando o Planalto no Sul das Minas, nas terras altas da Mantiqueira, campeando ouro nas cabeceiras do

Rio Grande e seus afluentes: o Aiuruoca, o das Mortes e o Verde.

Logicamente, o alvoroço foi intenso entre 1682-1737, quando o número de transientes aumentou. Surgiram muitas localidades formadas por mineradores, com precárias moradias, recursos escassos, alimentação à base de coletas silvestres, rudes vestimentas, falta de recursos básicos; quase tudo era improvisado. As devoções eram cultivadas nas cabanas, em uma Capela de sapé ou ao pé do Cruzeiro.

Em 1679, chegou o superintendente das minas de ouro, D. Rodrigo de Castelbranco († 1682), trazendo as Normas do rei de Portugal, que prescreviam aos descobridores suas obrigações de cultivar: milho, feijão e mandioca. Ao descobrir algumas minas de ouro ou pedras preciosas, deveriam notificar o provedor da Fazenda Real, na forma seguinte: "Diz Nome tal e qual por nome o Santo, ou Santa, que tiver devoção/ que Se lhe dá para lavrá-la, e povoá-la para dar quinto (impostos) a Sua Alteza"[1]. A mentalidade fértil, o interesse pelas sonhadas riquezas, a vontade ter o nome honrado pelos serviços feitos ao rei e a Deus foram os principais motivos para a corrida do ouro. A povoação de Santo Antônio de Guaratinguetá, nascida dessa façanha, Vila criada em 1650, tornou-se ponto de encontro e destino para as Minas, a partir de 1680. Quando assassinaram o superintendente das Minas, Rodrigo Castelbranco, em 1682, a notícia logo chegou aos guaratinguetaenses.

---

[1] PT-TT-MSBR-48_m0111. TIF.

Posteriormente, durante a "Guerra dos Emboabas", o bispo diocesano do Rio de Janeiro, D. Francisco de São Jerônimo, CSJE (1638-1721), recebeu Intimação Régia, datada de 9 de novembro de 1709, para ir às Minas ajudar o governador, D. Antônio Coelho de Albuquerque de Carvalho (1655-1725), a resolver as discórdias. Em carta de 13 de março de 1710, o bispo responde ao rei D. João V: "As minhas forças não são muitas, o talento é pouco para estas empresas, mas a obediência que devo a Vossa Majestade para tudo o que é de seu Real agrado me leva com gosto, e fico determinado a me embarcar e ir com o Governador"[2]. O senhor bispo argumentava assim, porque já contava com seus 72 anos de idade. Todavia, um ano depois da posse (11 de junho de 1709), na governança das Capitanias de Minas e São Paulo, o governador Albuquerque desceu à Região do Rio das Mortes para negociar com "os emboabas", mas estes se recuaram para Guaratinguetá, onde o capitão general foi ao encontro dos rebelados. Nessa Vila, no dia 12 de outubro de 1710, houve tentativa de negociação com os rebeldes paulistas envolvidos nessa Guerra. As negociações foram feitas em português e tupi-guarani, a "língua da terra". Como não houve consenso e, temendo o perigo, o governador mudou sua rota de retorno às Minas e passou pela Capitania do Rio de Janeiro.

Após a Guerra dos Emboabas, decorrente dos confrontos entre os mineradores paulistas e os de outras procedências, a realidade social-econômica-cultural de Guaratinguetá se

---

[2] AHU - N – Rio de Janeiro, catálogo: 896, i. 6.

complicou por longo período. Com a busca desenfreada pelas riquezas, as lavouras ficaram abandonadas. Às vezes, tinha ouro em pó, mas não tinha víveres para comprar, o que comprometia severamente a saúde pública. Havia grandes discrepâncias sociais e violências. O contrabando de ouro e a sonegação do quinto real eram notícias frequentes e correntes.

Durante sua estadia em Guaratinguetá, de 17 a 30 de outubro de 1717, o governador das Minas e São Paulo viu a realidade e sentiu a necessidade de um ajudante para o capitão-mor regente. Por isso, escolheu Domingos Antunes Fialho, ex-combatente contra os franceses na Ilha Grande, ex-sargento-mor, e o encarregou, "conforme a Confiança q' faço da sua Pessoa, hey por bem de o nomear e prover no Posto de Capitam-mor desta V^a de Guaratinguetá e seo destricto, e &^{a}. Dada em Guaratinguetá aos 23 de out^o de 1717. Paschoal escreveu q' &^{a} – Dom Pedro de Almeyda"[3]. Assim, Carlos da Silveira teria reforço, ajuda na governança e poderia controlar melhor os passantes nestes caminhos da vila e seus distritos.

Dentre outras complicações, o contrabando de pedras preciosas e o comércio que usava o ouro em pó como moeda constituíam nos quesitos mais desafiadores para a ordem pública dessa região e "sossegos daqueles povos". O governador das Minas e São Paulo, em Carta de 20 de junho de 1719, estava convencido da grande problemática, quando afirmava:

---

[3] APM, SC-12, Livro de 1717-1721, Registro de Patentes, Provisões e Sesmarias, f. 14.

"vay sem dúvida descaminhando por que desde a Comarca do Rio das Mortes as de S. Paulo, onde se tira ouro distão mais de Cento e trinta legoas e estas para todas as Villas de Guaratinguetá, Taubaté e Mogi com estradas francas para os passageiros de Santos e Paraty[4].

Por essa razão, o governador Pedro de Almeida Portugal havia nomeado Antunes para ser capitão-mor de Guaratinguetá, um velho conhecido do capitão-mor regente, Carlos Pedroso da Silveira (1664-1719), que estava no Comando da região (Taubaté, Pindamonhangaba, Guaratinguetá e Lorena), desde 1713, ainda no governo de D. Brás Baltazar da Silveira (1674-1751). Assim pensavam em coibir os contrabandistas e sonegadores de impostos (quinto real) à Fazenda Real. Carlos era respeitado e de confiança, benquisto pelas autoridades e, por sua honestidade, malvisto pelos sonegadores, que não respeitavam nobreza nem competências e procuravam tirar-lhe a vida. Assim, no dia 15 de agosto de 1719, em uma emboscada, ficou bastante ferido por tiros de espingardas. Carlos ainda ditou seu testamento, todavia, veio a falecer dois dias depois, em 17, na Vila de Taubaté[5]. O principal cúmplice, Domingos Rodrigues do Prado († 1738), fugiu para o Sertão de Goiás, onde estava seu sogro Bartolomeu da Silva Bueno, "o Anhanguera" (em tupi-guarani: Diabo velho).

O vasto Território das Capitanias de São Paulo e Minas, as longas distâncias entre suas capitais, os desafios

---

[4] APM, SC-04, Livro de 1709-1722, Registro de Cartas e Alvarás, f. 673.
[5] Revista do Instituto Hist. Geog. S. Paulo, 1935, vol. XXX, p. 53.

socioeconômicos, o contrabando desenfreado, a perda de controle dos passantes pelos caminhos, o movimento de mercadorias e o trânsito de pessoas, dentre elas portugueses, brasileiros, nativos, escravos e estrangeiros de diversas nacionalidades, complicavam cada vez mais as Minas. A soma de tudo isso formava um "caldeirão", onde fervia e borbulhava o caos. Por isso, Pedro de Almeida pediu ao rei a separação da Capitania de São Paulo, criando assim a de Minas Gerais, em 2 de dezembro de 1720.

Diante dessa situação, a Ordem Régia de 27 de maio de 1726 concedeu a abertura do Caminho da Piedade (Lorena-SP) com destino à cidade do Rio de Janeiro. Mas os guaratinguetaenses foram contra, porque o movimento aumentaria no porto do Meira (Lorena), seguindo para o Vale Fluminense e não passaria por Guaratinguetá, portanto seria prejuízo no Pedágio (Registro) e no comércio local. Em 14 de outubro de 1726, foi expedida a Provisão Régia que permitia a abertura do mesmo caminho, via Fazenda Santa Cruz dos jesuítas; todavia, as controvérsias advindas da Vila de Paraty, mais uma vez, atrasaram sua abertura[6]. Esse caminho, porém, despertou interesse pela abertura de um Registro (Pedágio) em Barra do Piraí, segundo o provedor da Fazenda Real, Bartolomeu de Siqueira Cordovil, em 25 de abril de 1735.

Em 1739, o ex-capitão-mor de Guaratinguetá, o coronel Domingos Antunes Fialho, "foi encarregado, prendendo vários criminozos, e gastando mtº de Sua Fazdª, na

---

[6] AHU – ACL – N – Rio de Janeiro, Cat.: 1933, ii. 2 e 3.

abertura do que abrio dadª Vª de Goratingueta por terra, pª o Rio de Janrº em q' fez hum grande Servº a SMagde. pela Sigurança dos quintos reaes, e ficar livre do Risco do mar"[7]. Aqui se refere aos assaltos que havia no Litoral, sobretudo, nos portos de Paraty, Mombucaba, Angra dos Reis, Ubatuba, Caraguatatuba e São Sebastião. Ainda com relação a esse caminho, não houve manutenção nem interesse de preservá-lo, sobretudo depois do sequestro dos bens dos Jesuítas, em 1754, e sua expulsão, em 1759. Estando estas "picadas" em meio à Mata Atlântica e com frequentes chuvas, o dito Caminho ficou intransitável por 20 anos. A reabertura do "Caminho da Piedade" se deu pela Ordem Régia de 28 de julho de 1776, cuja responsabilidade e inspeção dos trabalhos foram dadas ao capitão-mor de Guaratinguetá, Manuel da Silva Reis, quem acompanhou a reabertura completa e deixou seu trânsito livre, somente em 1780.

Por esses caminhos, encruzilhadas e atalhos, seguiam os viandantes de todas as estirpes. Os tropeiros com seus animais de cargas a bater bruacas, com ranger das cias (cordinhas de couro), levando mercadorias e notícias, onde as cruzes, capelas e igrejas pontilhavam às margens destas estradas boiadeiras. Tudo e todos estavam integrados nessa rede de movimentação lenta e interativa, mas intensa.

---

[7] AHU – ACL – N – Rio de Janeiro, Cat.: 3468, i. 2.

VI

A Igreja Católica e seus fiéis na sociedade colonial

As jurisdições, as funções e os papéis do Estado e da Igreja se confundiam com muita frequência, havendo compromissos e cobranças de ambas as partes.

Com a Provisão Régia de 10 de outubro de 1699, o Conselho Ultramarino pediu a presença dos beneditinos nas localidades mineradoras da Região das Gerais no Brasil. As visitas pastorais, a partir de 1701, seguiam rigorosamente a cada dois anos, nos territórios do Rio de Janeiro, São Paulo e Minas. O rei D. Pedro II, em Provisão de 7 de dezembro de 1701, concedeu a magistratura de Juízes de Paz (Vara Branca) aos vigários das Varas Eclesiásticas[1], durante o mandato (1701-1721) de D. Francisco de São Jerônimo CSJE (1638-1721). Desde 20 de agosto de 1704, os

---

[1] AHU – ACL – N – Cód. II, Cat.: 1, ff. 5s.

comunicados mencionam seculares, eclesiásticos e religiosos missionários, uns bons e outros inconvenientes, nessa diocese fluminense.

Na Carta Régia de 26 de outubro de 1706, o rei D. Pedro II de Portugal propõe que somente entrariam nas Minas os religiosos e seculares com licença eclesiástica. Porém pensava entregar as Minas sob a responsabilidade dos jesuítas. Em sua passagem por Guaratinguetá, a 10 de outubro de 1710, o governador Albuquerque escreveu ao rei pedindo que tirassem das Minas os eclesiásticos que não faziam pastorais e que residissem lá somente os que obtivessem licenças expressas do bispo. Em contrapartida, a Carta de 27 de janeiro de 1715 questiona a presença de religiosos "que andão esparsidos por essas Minas. Me paresseo mandar vos estranhar por esta omissão com que tendes procedido na observância, da dita minha ordem e que tanto tenho recomendado"[2], assim reclamou D. João V ao governador D. Brás da Silveira, que a 10 de maio de 1716 pediu para examinar os "clérigos, ou Religiozos, que exercitem jurisdição por ordem do Nuncio, ou da Sé Apostólica sem consentimtº e aprovação minha"[3] em São Paulo e Minas.

As normas da Igreja no Brasil (1707) levaram avante os costumes portugueses, também no que se referiam aos Ermitães, isto é, aos homens que faziam sua consagração pessoal, com as "promessas" de viver o celibato, o trabalho e a vida de oração. Eles quase sempre marcavam presença

---

[2] APM, SC-04, Livro de 1709-1722, Registros de Alvarás, Ordens e Cartas, f. 111s.
[3] Idem, Ibidem, f. 128s.

junto aos "Santuários", onde havia frequência de peregrinos (romagens, romarias) e devotos. "Nas Ermidas de nosso Arcebispado, e principalmente naquellas, onde ha romagem, e devoção, é necessário haver Ermitães para o culto Divino, e limpeza dellas." Deveriam ser "homens diligentes, de idade conveniente, e de boa vida, e costumes, e não poderão apresentar mulheres". Eles deveriam ser providos para guardar, cuidar e zelar do patrimônio e alfaias dessas Ermidas. "Não viverão nas ditas Ermidas, mas em casas separadas." "Não usarão hábitos de Religiosos, ou Clérigos, mas poderão trazer roupetas pardas compridas, ou de outra côr honesta, ou vestidos descentes[4]." Nesse caso se trata de Irmãos leigos, realmente, porque não estavam vinculados a nenhuma Instituição Regular. No Centro e Sudeste do Brasil, eram conhecidos como Irmãos ou Ermitães. No Nordeste eram chamados popularmente de "Beatos".

Em 1713 já se falavam e, a partir de 28 de março de 1714, articulavam-se para criar as Dioceses de Minas e São Paulo, porém a Criação de ambas ficou resolvida em 8 de setembro de 1720. Em 30 de julho de 1722, o governador Pedro de Almeida expulsou todos os religiosos das Minas. A partir dessa data, podiam permanecer nas regiões mineradoras somente aqueles que tivessem as licenças civis e eclesiásticas, respectivamente de suas autoridades competentes. Mas, a concretização disciplinar eclesiástica, nesses rincões, efetivou-se parcialmente com a criação dos bispados de São Paulo-SP e Mariana-MG (23 de abril de

---

[4] Constituições do Arcebispado da Bahia, 1707, p. 232.

1745) e com a posse de seus respectivos bispos: D. Bernardo Nogueira (1695-1748), por procuração, em 7 de agosto de 1746; e D. Fr. Manuel da Cruz, OCist. (1690-1764), também por procuração e com sua primeira Carta Pastoral, em 28 de fevereiro de 1748.

Ainda em Minas, a 21 de dezembro de 1717, D. Pedro de Almeida interveio na contenda entre o Juiz Eclesiástico, Pe. Manuel Cabral Camello, e o ouvidor do Rio das Mortes, Dr. Valério da Costa Gouveia (1678-1742), devido às "invasões judiciais" entre as Jurisdições Civis e Canônicas. Por isso, o ouvidor foi duas vezes excomungado oficialmente e amaldiçoado pelo Pe. Cabral. Quando o governador ordenou que:

> Se não intrometa em defender, nem a justiça Eclesiástica, nem a justiça Real sob pena de serem castigados com todo o rigor conforme merecem, mas antes sim deixarão, e para que venha a notícia de todos, mando publicar este Bando a som de caixa na Vila de S. João Del Rey[5].

Como Dr. Valério não conseguiu dar resoluções convincentes às questões jurídicas, perdeu seu cargo na ouvidoria e foi substituído pelo novo ouvidor, Jerônimo Correa do Amaral, a 3 de junho de 1718[6].

Com relação aos índios de diversas etnias e aos negros escravos foragidos, houve soma de interesses de ambas as partes. Então, nos Mocambos ou Quilombos iam se mul-

---

[5] APM, SC-11, Livro de 1713-1721, Registros de Cartas e Bandos, f. 269, i. 250.
[6] Maciel, 2014, p. 100 ss.

tiplicando e neles nasciam os *cafuzos* (miscigenação entre índios e negros). A escravidão indígena estava proibida pela Carta Régia de 7 de abril de 1714, durante o governo de D. Baltazar da Silveira, quando o Pe. Guilherme Pompeo ficou responsável de passar a determinação de que os índios só podiam prestar alguns serviços esporádicos, com licença régia: "e a mais vos encomendo lhe façais pagar os seus Jornais com pontualidade"[7]. O Bando (Aviso formal) de 7 de setembro de 1717, expedido em São Paulo pelo governador D. Pedro de Almeida, "intimava os detentores de índios a restituí-los às suas naturalidades". Isso significa que a "escravidão indígena" continuava na clandestinidade com o disfarce de "administrados". Em 13 de julho de 1718, ele mandou recolher os índios dispersos (que estavam sob a égide de particulares) e restituí-los às aldeias. Da mesma forma, notificou sobre os roubos que os quilombolas faziam nos caminhos, sítios e povoados, "juntando-se em quadrilhas de vinte e trinta e quarenta armados"[8] e pediu urgência no trato dessa matéria ao rei D. João V. Dizia ainda que os negros escravos estavam muito inclinados à libertação, "porem como aos q' ficão se lhes não podem tirar os pensamentos e os desejos naturaes da Liberdade, nem por esta cauza se podem extinguir todos sendo tão necessários para a subsistência do país"[9]. Quer dizer, sem a escravidão, o Brasil Colônia não teria como subsistir.

---

[7] APM, SC-04, Livro de 1709-1722, Registros de Alvarás, Ordens e Cartas, f. 82s.
[8] Idem, Ibdem, f. 555.
[9] Idem, Ibdem, f. 594.

Nessa época, em diversas freguesias brasileiras, havia duas "classes" de Ordenanças Militares (de Pé): uma formada por portugueses e seus descendentes diretos e outra composta de mestiços índios ou negros forros. Devido aos preconceitos raciais, sociais e culturais, eram comuns as disputas, ameaças e violências entre essas corporações. O governador Pedro de Almeida, a partir de 1717, proibiu que os homens de má conduta fizessem parte das Ordenanças Militares. Lembrando que, em 1711, por ocasião da Invasão Francesa no Rio de Janeiro, foram improvisadas as primeiras Cavalarias nas Gerais. Elas foram instituídas em fins de 1714, providas em 1715, reconhecidas e criadas por Ordem Régia de 1719. O Conselho Ultramarino, a 14 de março de 1720, deliberou que D. Pedro de Almeida provesse e nomeasse o Pe. José Cardoso Paes ao posto de "Capellão-Mor das duas Companhias de Cavallos dessas Minas por se achar com os requisitos necessários dandosse lhe o soldo q' sempre gozarão q' he o mesmo que tem os Alferes, e sendo vista a d^a petição"[10]. Aqui vale lembrar que muitos oficiais eram músicos e colaboravam nas atividades litúrgicas católicas.

A Semana Santa em Minas Gerais, no ano de 1725, já chamava a atenção por suas solenidades. Houve reclames ao rei, via Conselho Ultramarino, sobre o preço com que os "mestres" donos das Corporações Musicais cobravam para executar os Ofícios Divinos. Em 19 de setembro desse

---

[10] APM, SC-04, Livro de 1709-1722, Registros de Alvarás, Ordens e Cartas, f. 249, i. 153.

mesmo ano, D. Frei Antônio de Guadalupe recebeu Carta do rei dizendo que os ditos "mestres das Muzicas não devião Levar Sallario ou emmolumt° algum pellas Licenças de se poder cantar nas festas nas igrejas"[11] e deviam prestar esse serviço na condição de voluntários. O bispo, em 20 de junho de 1726, respondeu: "Fico advertido para Logo tomar conhecimento do que Se obra nesta materia, e por o Remedio conveniente a evitar todo o abuzo, e contravenção as Ordens de V. Magde. que mandará o que for Servido"[12]. Fato é que havia dificuldade para identificar o que e quem estava sob a autoridade Eclesiástica ou Régia.

No período de 1723 a 1740, na diocese do Rio de Janeiro, D. Frei Antônio de Guadalupe, OFM (1672-1740), e seus visitadores nomeados estiveram nas freguesias (paróquias) e capelas filiadas das Capitanias do Rio de Janeiro, Minas Gerais, São Paulo e Mato Grosso, nos anos de 1727 e 1728. Depois de averiguar a realidade e atitudes zelosas ou maldosas "no pasto das ovelhas", vivência do clero, religiosos e fiéis católicos, foi elaborada uma Carta Pastoral.

A dita Carta Pastoral, datada de 16 de setembro de 1728, foi o resultado de tudo o que os visitadores viram e, depois de ter "tomado conhecimt° dos abusos, e dezordens", nela apontaram que Jesus Cristo "hé verdadeiro Remedio, Lus e Salvação". Nessa Carta, enfatizam-se as necessidades das missas dominicais e nos dias santos, das pregações e catecismo ao povo. Sobre o sacramento do

---

[11] AHU – ACL – N – Rio de Janeiro, Cat.: 1786, f. 2.
[12] Idem, idem, f. 2.

batismo, "não admitão dous padrinhos do mesmo Sexo nem administrem aos adultos Sem estarem bem instruídos nos mistérios da feé nem deixem de fazer os assentos...[13]" Assim, os párocos, seus coadjutores e capelães haviam de procederem em suas responsabilidades eclesiásticas. Caso contrário, os eclesiásticos seriam multados e castigados de acordo "com a penna q' merecem".

Ao povo fiel fez recomendações e advertiu com algumas correções.

> Recomendamos mt° aos mesmos parochos q' em todas as Suas estaçoins e praticas afrevorem aos Seus freguezes na devoção do Rozário q' deixarão entroduzida os RRd°s Missionários, em princípio de cada mês os exortem aq' Se Confecem nele para ganharem endulgencia plenária q' Rezarem de juelhos as três Ave Marias Como Tambem os exortem adeixarem o abominável abuzo de invocarem o demônio, e Se Custumarem a Repetir o dulcicimo Nome de JEZUS Continuamte[14].

Nesse por menor, é bom lembrar que 300 anos depois ainda há muita gente que continua a xingar: "capeta", "coisa ruim", "demônio", "desgraçado" e semelhantes. Todavia, nas regiões Sudeste, Central e Sul do Brasil, a exclamação mais usual entre os católicos piedosos ficou sendo: "Nossa Senhora!" ou "Virgem Maria!" Também as confissões nas sextas-feiras, no "princípio de cada mês", advêm dessa

---

[13] Carta Pastoral, 1728, f. 104.
[14] Idem, Idem, f. 104v.

exortação, que naquele tempo se fazia em honra à Paixão Redentora de Cristo. Algo que, posteriormente, foi coligado com a devoção ao Sagrado Coração de Jesus, a partir do século XIX.

Ainda com relação aos Sacramentos da Reconciliação e da Eucaristia, os presbíteros haviam de elencar, em uma Lista (Rol), entre a sétima semana do Tempo Comum até o primeiro Domingo da Quaresma, os fiéis que eles deveriam atender e prepará-los para a Páscoa. Os padres faltosos com essa obrigação, inclusive aqueles que não atendessem aos escravos seriam penalizados de acordo com as Constituições da Igreja (1707). E os senhores proprietários que dificultassem a participação de seus escravos aos sacramentos, aos domingos e dias santos seriam advertidos e pagariam uma multa de "duas patacas pª a fabrica da Igreja". Isso significa que o valor da multa era encaminhado ao caixa da paróquia.

Aos fiéis amasiados, livres e escravos, "que os fação Contrair o matrimonio ou os apartem totalmente". Os párocos e vigários poderiam negar os sacramentos aos "pecadores públicos e escandalozos." Todavia, ainda que "empedido, o Parocho for chamado pª confessar algum emfermo Vá logo Sem demora a esa diligencia e Seqdº não fazer morrendo o emfermo Sem Confissão, Seja Castigado"[15] o padre que não o atendeu. Também aos casais de segunda união,

> a homem ou mulher q' estiver apartado de Seu Consorte, por estar em pecado publico actual, que Consiste Na separação emjusta de Seu Consorte, salvo Se mostrar q'

---

[15] Carta Pastoral, 1728, f. 108.

Tem Licença Sua ou diante de nos alegar Justa Cauza p[a] evitar o pecado, ou estiver actualmente no Serviço de Sua Magestade que Deos guarde que não pode deixar[16].

A saber que os casados pela segunda vez, que mentiram e se passaram por solteiros ou viúvos, incorriam em processo e eram presos, encaminhados, encarcerados, sentenciados, castigados e penitenciados pela Inquisição Portuguesa, em Lisboa. Isso porque, nessa ocasião, muitas mulheres eram abandonadas pelos maridos que estavam ou morriam nas Minas. Outras ficavam a mercê da pobreza, sofredoras, sobrevivendo da caridade pública ou sendo exploradas ou prostituídas, na tentativa da sobrevivência.

Aos padres proibiam-se a frequência aos bailes e serenatas. Podendo viajar pelos caminhos sem a veste talar, porém de camisa fechada e calça preta e chapéu eclesiástico. Não podendo usar cabeleira postiça nem perucas. Ao vigário-geral e aos vigários das Varas Eclesiásticas cabia o exame das parteiras, sobre a fórmula do batismo, em caso de necessidade, "e aprovando-as lhes dará Certidão para exercitarem Seu officio". Quanto aos pregadores nas festividades, Quaresma e Semana Santa, deveriam ter licença e clareza de doutrina, e que depois da Páscoa os párocos deveriam dar "Conta do estado das suas freguesias e do progresso que nelas há do Servisso de Deos"[17]. Os altares portáteis foram proibidos, porque alguns padres simoníacos vagavam, constantemente, de uma lavra para outra.

---

[16] Carta Pastoral, 1728, f. 107.
[17] Idem, Idem, 1728, f. 108.

Com relação ao prédio das igrejas, seus móveis, altares, ornamentos, alfaias e objetos sagrados, essa Carta impõe aos párocos o devido "Cuidado q' Tem de Tão Sanctos Lugares, pessão que lhes encarregamos Tenhão muito cuidado de terem as Suas Igrejas muito Limpas, e assiadas, ainda que Sejão pobres, com agoa Benta nas pias"[18], dentre outras exigências.

Em 26 de janeiro de 1729, Sua Majestade interveio outra vez:

> Faço Saber a Vós Ouvidor Gl. da Comarca do Rio das Mortes, q' eu Sou informado, q' os Mintr°s Ecclezisticos Uzurpão a minha jurisdição Real em tomar mt^as contas das Confrarias das Igrejas q' há nessa Comc^a, levando excessivos Salários por ellas contra oq' dispõem a Ordenação do Reyno[19].

Nessa ocasião, as Irmandades e Confrarias Católicas eram Corporações com Espiritualidade e Compromissos próprios, com aprovações Eclesiástica e Régia. Inclusive, recebiam os visitadores eclesiásticos para certificar se os "Irmãos e as irmãs" praticavam seus regulamentos.

A euforia na busca do ouro e suas consequências movimentavam as regiões de São Paulo, Minas Gerais, Mato Grosso, Goiás e, "por tabela", Rio de Janeiro e Bahia. Essas regiões eram pluriculturais, socialmente diversificada,

---

[18] Carta Pastoral, 1728, f. 107.
[19] AHU – ACL – N – Minas Gerais, Cat.: 1166, f. 2.

e com populações instáveis. O Brasil era um país bilíngue: falava-se o português e o tupi-guarani. Os duetos não faltavam. Havia os choromelos dos árabes e seus descendentes. Músicas e teatros bíblicos representados pelos hebreus, quase sempre clandestinos e ao ar livre. As danças ciganas eram comuns. Os caxambus e flautas indígenas ecoavam. Os bumbes africanos também retumbavam.

Nas celebrações, os piedosos católicos entoavam no vernáculo o cantochão e nas solenidades os pomposos hinos, com dobrados, em latim. Essa é a origem da Música Colonial Brasileira. Dentre os ilustres destacamos: Pe. Faustino do Prado Xavier (1708-1800), Luis Álvares Pinto (1719-1789), Pe. João Floriano de Andrada (*1721), Inácio Parreiras (1730-1793), Manuel Dias de Oliveira (1735-1813), Joaquim Emérico Lobo de Mesquita (1746-1805), Marcos Coelho Neto (1746-1806), Pe. João de Deus Castro Lobo (1794-1832), Francisco Gomes da Rocha (1746-1808), André da Silva Gomes (1752-1844), Pe. Domingos Rodrigues de São José (*1765), Pe. José Maurício Nunes Garcia (1767-1830), Francisco de Paula Ferreira (1777-1839), Francisco Manuel da Silva (1795-1865). Esses e outros são conhecidos como os compositores "barrocos brasileiros".

Desde 1532, as eleições de vereanças foram inventadas pelo primeiro pároco brasileiro, Pe. Gonçalo Monteiro, e eram realizadas dentro dos territórios das freguesias. Nessas eleições paroquiais, todos aqueles que trabalhavam em algum ofício ou manufatura podiam votar nos "homens bons", mas não podiam ser votados. Os eclesiásticos podiam votar e ser votados. Os vereadores eram eleitos e, dentre eles, o presidente, o procurador e o secretário. Assim as "Câmaras

Locais" governavam as vilas. As cidades eram somente onde residiam os senhores bispos. Dessa forma, estabeleciam-se as Normas da Igreja no Brasil, redigidas e aprovadas em 1707. Essas foram impressas em Lisboa (1719) e Coimbra (1720), a pedido do Conde de Assumar.

Estas eram nossas Leis Brasileiras: Eclesiásticas, Civis e Criminais, que vigoraram até 1808. No Brasil Reino, elas sofreram o primeiro golpe, porque a "Chancelaria de Consciência e Ordens" foi reduzida apenas a uma Comissão Administrativa, isto é, na "Mesa de Consciência e Ordens", a qual controlava a Igreja Católica na administração dos bens, na criação de paróquias, nas nomeações eclesiásticas, dentre outras. Esse modelo persistiu até 1º de outubro de 1828, quando foi criada a Lei da Municipalidade no Brasil. Com o município surgiu o voto censitário: só era eleitor quem possuísse renda líquida anual acima de cem mil réis. Aqui foi o segundo golpe porque o voto parcialmente popular foi banido. Por sua vez, a Igreja ficou amarrada às Leis Municipais e Provinciais, permanecendo nas mãos dos Ministérios da Justiça e da Fazenda do Império Brasileiro até 1891.

Em suma, a Igreja Católica era a única Instituição preparada e com capacidade para montar uma civilização com todos os quesitos para a formação da sociedade humana. Isso se devia, quase exclusivamente, às Instituições Religiosas.

VII

A viagem e os atos do governador Dom Pedro de Almeida

O senhor D. Pedro Miguel de Almeida Portugal e Vasconcelos (1688-1756), o futuro 4º conde do "Senhorio de Assumar", Portoalegre, em Portugal. A 26 de fevereiro de 1717, foi nomeado governador e capitão general das Capitanias de São Paulo e Minas Gerais, no Brasil. Ele chegou ao Rio de Janeiro na primeira semana de julho de 1717.

Jovem, nobre português, homem de ampla visão administrativa, conhecedor das Leis da Coroa e da Igreja e dos Costumes, em uma semana, percebeu as necessidades e fragilidades da cidade do Rio de Janeiro, que, em 1711, havia sofrido a Invasão Francesa. Estando no Rio de Janeiro, a 9 de julho de 1717, escreveu ao rei D. João V dando notícias e passando informações sobre a segurança daquele ponto do litoral. E mostrava a urgência de profissionalizar as Cavalarias já existentes em Minas, como defesa e ponto de apoio àquela cidade do Rio de Janeiro. Tomou a resolução sobre as fronteiras entre as Capitanias de Minas e do Rio, mudando a divisa para um lugar mais estratégico e conveniente à segurança das Regiões Auríferas. Começava, então, a Epopeia de uma viagem perigosa, arriscada e recheada de imprevistos, com detalhes que chamava atenção de todos por onde passava, despertando a curiosidade pública. As notícias sobre ela andavam à frente, sempre com velocidade relativamente mais acelerada.

Na tarde do dia 24 de julho, D. Pedro de Almeida seguiu viagem por terra até a Fazenda do Engenho, propriedade dos jesuítas, onde se hospedou, e "os Padres tratarão a sua exª com toda a grandeza, e os seus domésticos também". No dia 25 de julho, depois da missa e do café, seguiram viagem até o meio-dia, quando chegaram à propriedade do lisboeta João Affonso, cuja esposa, Inês de Paredes, filha de "cristãos novos", era ex-presidiária da Inquisição. Ela foi acusada de "práticas judaizantes" e presa em 7 de novembro de 1715, enviada a Lisboa, onde ficou encarcerada, foi julgada, sofreu "auto de fé" público em 16 de fevereiro de 1976, fez abjuração, recebeu penitência perpétua e retornou ao Brasil em 9 de janeiro de 1717. Os bens da família foram sequestrados para pagar o Processo Inquisitorial[1]. Por isso, a miséria na casa desse proprietário era tanta que ele "não foi capaz de offerecer nenhuma

---

[1] PT-TT-TSO-IL/028/04952 – Arquivo Nacional da Torre do Tombo, Inquisição de Lisboa.

pouca de farinha de páo"[2]. Dom Pedro de Almeida e sua comitiva descansaram por duas horas, com fome, e, depois, seguiram viagem a cavalo e debaixo de chuva, com muitos lamaceiros pelo caminho. "Já quazi de noute nos apareceo hum clérigo, e nos levou athe sua casa, que era hum famozo engenho, tratando nos com muito aseyo, e grandeza; chamasse este Padre Francisco Dias Duarte natural de Guimarais[3]."

No dia 26 de julho, festa da Senhora Santana: "Ouvimos missa e partindo despois, chegamos pelo meyo dia a huma fazenda dos Padres da Companhia do Rio de Janeiro, chamada santa crux". Onde foram bem acolhidos, mas os jesuítas não consentiram que o cozinheiro da comitiva entrasse na cozinha. Tiveram de comer "senão guizados de frades". Ali passaram à tarde, o pernoite, o dia seguinte, e, por falta de canoas, outra noite. No Porto de Pesqueira, na manhã de 28 de julho, o "senhor Lourenço Carvalho com vinte negros armados, e bem vestidos e com duas trombetas, estavam esperando sua Exª e despois dos cumprimentos e salvas de muitos tiros"[4] e outros procedimentos. O governador se despediu primeiro do superior da fazenda Santa Cruz, que estava acompanhando, e dos demais. Embarcaram e navegaram até quase de noite. Desembarcaram em uma "praya dezerta" e em uma choupana comeram "galinhas assadas e vitelas", porque o senhor Lourenço Carvalho havia provido do necessário

---

[2] Diário da Jornada do Governador, p. 295.
[3] Idem, p. 296.
[4] Idem, p. 297.

e com abundância. Depois da ceia, seguiram navegando até as duas da madrugada, pararam um pouco para descansar e seguiram viagem. Navegaram quase todo dia 29 de julho e foram jantar na Vila da Ilha Grande. Após o jantar navegaram até as cinco horas da manhã.

Passaram o dia 30 de julho navegando. No percurso entre Ilha Grande e Paraty, passaram por uma baía com diversas ilhas, onde encontraram muitas baleias, as quais lhes puseram em apuros. Houve a "Mayor gritaria dos Pilotos e remadores com o Medo de que" elas se aproximassem e virassem as canoas. "Sahimos com bom sucesso da baía e fomos jantar na Villa de Paraty em caza do Cappitão Lourenço Carvalho que nos regalou magnificamente[5]." O governador e sua comitiva permaneceram em Paraty por quatro dias, onde fizeram seleção das "arcas e fazendo-as de duas arrobas para as cargas dos negros, apartando as que devias ficar para hir pela serra"[6] do Mar, via Povoação do Facão (atual Cunha-SP), que os escravos havia de levá-las até Guaratinguetá. Os demais materiais acompanhariam a comitiva destinada a Santos.

Na manhã do dia 4 de agosto de 1717, embarcaram as roupas em uma lancha e em duas canoas: o governador com o capitão Lourenço Carvalho, em uma, e em outra o pessoal da comitiva. Às onze horas da noite, chegaram à fazenda do dito capitão. Ali esperavam por "hum Batelam carregado com Matulagem", mas receberam a notícia de

---

[5] Diário da Jornada do Governador, p. 297.
[6] Idem, p. 298.

que esse barco "havia alagado" e tiveram de remediar "a cea com humas empadas, que fez o cozinheiro"[7]. Depois dessa ceia, na madrugada de 5 de agosto, partiram em canoas e lancha. O governador não quis se arriscar naquele trecho de mar, famoso pelos acidentes, e seguiu viagem de uma légua, por terra. A comitiva aguardava em uma praia, onde tiveram de pescar; outra vez comeram peixes cozidos, sem azeite nem vinagre. Porém, coletaram os frutos da terra: "laranja da China excelentes, assim na grandeza, como no gosto, limoens, Batatas, carás", em paragem desabitada. "Armou-se a Barraca de Manoel da Costa para passarmos a noute servindo de colcheis o capote e as cazaquas de cobertores."[8]

No dia 6 de agosto, "pelas quatro horas da tarde, chegou sua Exª em huma rede bastantemente mortificado de aspereza do caminho," carregado por negros escravos. O acompanhante, João Ferreira, por medo de cair nos despenhadeiros, veio caminhando e chegou com "os pés feitos em pedaços". "Sua Exª mandou dar algumas patacas aos negros, que o conduzião, e a Lourenço Carvalho regalou com húa colcha excelente, a qual de sorte, que pode nos preveo de algumas galinhas, e de hum pouco de Biscouto,"[9] de polvilho. Depois da janta navegaram até as onze da noite e foram descansar em uma praia deserta.

No dia 7 de agosto, pelas quatro horas da manhã, embarcaram novamente e navegaram até o meio-dia. Apor-

---

[7] Diário da Jornada do Governador, p. 299.
[8] Idem, p. 299.
[9] Idem, p. 299.

taram em uma praia onde se alimentaram novamente de peixes, sem azeite, e coletaram laranjas e limões. Durante a viagem, na tarde desse dia, encontraram muitas baleias com seus filhotes. Eles ficaram com muito medo de "suceder alguma disgraça", porque nesse caso as baleias costumavam atacar as embarcações.

Na madrugada do dia 8 de agosto, chegaram cansadíssimos a uma praia,

> o Piloto tinha perdido o rumo, e não sabia dizer aonde estávamos. Quis Deos que por entre o mato descobrimos húa lus, e encaminhando nos para Ella, demos em caza de hum Paulista chamado Domingos Ribr°, e armando as nossas redes, e ao senhor D. Pedro a sua, passamos athe pela manhã, que fomos a ouvir missa a hum Convento de Franciscanos, que distava pouco da Caza[10].

Após a missa e o desjejum, continuaram viagem e aportaram próximo a São Sebastião, seguiram a pé até a vila, onde foram recebidos pelas autoridades locais e logo jantaram. Eles permaneceram na localidade até o dia 12, onde a alimentação era escassa. Por sorte que o senhor Domingos os socorreu "com alguns leytoens, e galinhas", senão teriam "perecidos, porque a villa he mui mizeravel, e os habitantes mais preguiçozos"[11].

No dia 13 de agosto, os membros da comitiva saíram mar adentro ainda pela manhã, mas, depois de duas lé-

---

[10] Diário da Jornada do Governador, p. 299.
[11] Idem, p. 299.

guas navegadas, o vento contrário os trouxe de volta a São Sebastião. Somente depois do jantar é que conseguiram navegar até a meia-noite, quando desembarcaram "em huma praya dezerta, e o peor de tudo sem ter o que cear". Desde a madrugada do dia 14, das cinco horas da manhã até a noite, passaram em jejum porque não havia o que comer. Desembarcaram na Fortaleza de Santos, onde os soldados que fizeram as salvas de tiros caíram todos por terra, por falta dos corretos procedimentos e porque os canhões eram muito velhos. Todos da comitiva estavam com muita fome, os oficiais lhes "derão de cear. Não advínhamos o que: porem parecia nos o mais delicioso manjar, q' se podia fazer"[12]. A fome enriquece qualquer paladar!

No dia 15 de agosto, pela manhã, embarcaram e navegaram até a Barra da Bertioga, onde as autoridades civis e militares foram em uma lancha, e em outra, o reitor e outros jesuítas. Após navegar "outras duas legoas athe chegar a villa, adonde o receberão com salva de artilharia", foram logo "para o Colegio a ouvir missa, e nelle ficou sua Exª". Os demais membros da comitiva ficaram em casa que a Câmara de Santos "tinha preparada, que estava mui bem armada". Eles todos permaneceram até o dia 27 de agosto. Nessa época, a Vila de Santos possuía 350 casas boas e quatro conventos religiosos: Beneditino, Carmelita, Franciscano e Jesuítico.

Em 27 de agosto de 1717, pela manhã, a comitiva recebeu Aviso da Câmara de São Paulo, notificando que havia

---

[12] Diário da Jornada do Governador, p. 300.

de se encontrar na "paragem chamada a Cubatão". Assim se sucedeu no dia seguinte e para lá seguiram viagem, onde chegaram ao pôr do sol. Nessa paragem, no dia 28, o governador recebeu "duas cartas, huma das Minas do Mestre de Campo Paschoal da Sylva, e outra de Sam Paulo, em que lhe avizarão, que o comboy chegaria no dia seguinte"[13].

No dia seguinte, 29 de agosto, como estava previsto, chegaram o sargento-mor, seu ajudante, com seus respectivos pajes negros, vinte índios carijós e vinte cavalos para a comitiva. Nesse dia, viajaram os índios carregando as bagagens, sob o comando de Pays Veloso e o capelão jesuíta, que haveria de preparar os lugares e atos religiosos para os dias seguintes. Os demais ficaram para consertar as cargas que deviam seguir com a comitiva.

A 30 de agosto, continuaram viagem subindo a serra de Paranapiacaba, apesar da chuva e da lama pelos caminhos. O governador D. Pedro e seu secretário Pascoal da Silva foram carregados em redes. Nesses caminhos com lamaceiros, "nenhum da comitiva deixou de cahir nelles, húa e duas vezes, e ouve quem repetisse terceira". Os conduzidos por redes chegaram atrasados, às onze horas da noite, ao acampamento de casas de palha, "que para hospedagem tinha mandado fazer hum Juiz de São Paulo chamado Roque Soares. Este assistio a sua Exª naquella noute, e em sua companhia alguns Paulistas, e nos tratarão com muita grandeza"[14].

---

[13] Diário da Jornada do Governador, p. 300.
[14] Idem, p. 301.

A comitiva seguiu viagem naquela manhã do dia 31 de agosto, por uma légua, em péssimos caminhos. Porém, depois saíram "a huma campina mui espaçoza que se perdião de vista". Eis os campos de Piratininga! Há uma légua de São Paulo, onde o capitão-mor Manoel Bueno da Fonseca e seus 150 oficiais da Cavalaria foram encontrar o governador, sua comitiva e os acompanhantes. Quando chegaram

aonde elles estavão deu-se salva [de tiros] e tocou-se muita chamarella: elles vinhão tão redicullos cada hum por seu modo, que era gostoso ver adversidade das modas e das cores tão esquezitas porque havia cazacas verdes com botões encarnados, outras azues agalvadas por húa forma nunca vista e finalmente todas estravagantes, vinhão alguns com cabilleiras tão em sima dos olhos, que se podia duvidar que Se tinhão frente, trazião então o chapeo cahido para trás, que fazião huas formozas figuras principalmente aquelles que abotuavão as cazaquas muito assima. Com esta luzida comitiva nos fomos encaminhando para a cidade, e no caminho emcontramos com muitas pessoas, que sahirão a receber sua Exᵃ e outras a vello as honze horas entraria sua Exᵃ na cidade [de São Paulo] a Cavallo cujas ruas estavão arrumadas com diversos arcos, huns guarnecidos com prata, outros com laranjas, e flores e o que estava no Adro da Igreja de São Francisco era o milhor aonde se apiou sua Exᵃ para fazer oração e toda a comonidade sahio a recebello. Fomos a montar ao despoiz a Cavallo, e com toda a cometiva foi para o Palacio, que se lhe tinha aparelhado, e que estava mui bem concertado com bons cômodos para Sua Exᵃ e toda a sua família, todo o restante deste dia se passou com vizitas, e sua Exᵃ mandou recolher húa companhia de Infantaria, que estava de guarda a porta de seu Palacio; pela noute houve luminárias, que continuarão nas duas seguintes. A Camara veyo também a dar a boa vinda a sua Exª, e se retiraram muy satisfeitos do agrado com que os recebeo[15].

Esse foi o cenário da recepção do governador na cidade de São Paulo.

A 1º de setembro de 1717, estando o governador D. Pedro de Almeida em São Paulo, sua excelência recebeu, nesse dia, muitas pessoas que vieram dar-lhe as boas-vindas, incluindo os superiores dos conventos religiosos. Assim se sucedeu com outras pessoas nos dias posteriores. No dia 4 desse mês, depois do jantar, os oficiais da Câmara de São Paulo colocaram D. Pedro debaixo de um Pálio carmesim e o conduziram à igreja de Nossa Senhora do Carmo. Sobre um tablado, ficou o senhor governador, tendo à esquerda as testemunhas e à direita, em cadeiras, os membros da câmara local, e o povo que se encontrava dentro da igreja. Quando cada um tomou seu lugar, alguém leu a Carta Patente e fez a ata de posse, a qual foi assinada pelo governador e camaristas (vereadores); depois do juramento de posse com a mão direita sobre os santos Evangelhos, a Câmara "proferio huma oração com tanta eficácia, e com tanta propriedade, que todos ficarão admirados, e com o mesmo acompanhamento se recolheo sua Exª a caza: o Paleo foi dado ao Secretário por dizerse, que lhe tocava"[16]. No Brasil Colônia, presentear o secretário com o "pálio"

---

[15] Diário da Jornada do Governador, p. 302 e 303.
[16] Idem, p. 303.

era um costume de "honra", concedido pelas "Câmaras das Repúblicas Locais".

Durante os dias 5, 6, 7 e 8 de setembro, o governador publicou bandos, deferiu requerimentos, proveu ofícios e postos militares. Mandou prender um tabelião sem provisão e o enviou para ser julgado pelo "juiz de fora" de Santos. Nesses dias, sua excelência foi presenteado com seis cavalos. No dia 9, saiu para conhecer a cidade que continha umas 400 casas, sendo a maior parte delas térreas. Mas a vila era pouco habitada porque grande parte dos moradores vivia em chácaras, "que chamam de Rossas", onde plantavam cereais, legumes, verduras e frutas. Os paulistas comiam carnes "alguns dias ao anno e, quando dão algum banquete, ou quando fazem festa sempre, vem a meza o feijam com toucinho que se pode supor, que he o arros dos Europeus". Geralmente, os paulistanos tinham muito medo dos infectados por "bexigas" (varíola), que isolavam seus doentes pelas matas, distantes de suas casas; estes eram visitados pelos escravos, que lhes levavam alimentos e faziam outros suprimentos. Esse costume deixou a comitiva do governador inconformada com tal abandono. Na vila, havia três conventos masculinos: Franciscano, Carmelita e Beneditino. Na catedral, havia poucos padres diocesanos. As mulheres se vestiam como em Portugal, isto é, com saias longas, rodadas e amparadas com arcos internos, sendo que somente as pobres usavam carapuças e saias alongadas e afinadas (sem arcos).

No dia 26 de setembro, o senhor D. Pedro enviou João Ferreira a sua frente, a fim de preparar os alojamentos e comunicar as vilas por onde havia de passar. Inclusive, na

Aldeia de Nossa Senhora da Escada, onde estava concedendo Provisão ao administrador dela, o Pe. Salvador Correa da Silva, em nome de Sua majestade. "Neste dia se acabou de fazer huma cadeirinha, que sua exª mandou fazer contra a opinião de todos para a jornada," isto é, uma liteira em forma de andor, a qual foi feita no Colégio São Luiz, e o "couro de Boy" para revesti-la custou "duas patacas". Pela tarde, D. Pedro chamou a Câmara e os oficiais de Guerra, aos quais perguntou se havia necessidade de algum requerimento ou ordem, "que ainda estavão a tempo, e como todos se calassem emcomendou lhes muito o sucego, e aquietação desta cidade, e se recolheo depois para o seu Gabinete"[17].

Na manhã do dia 27 de setembro, o governador saiu de São Paulo acompanhado de muitas pessoas até a

> Irmida chamada Nossa Senhora da Penha distante duas legoas da cidade, e despois de fazer oração, comeo algum dosse do muito que havia em huma meza, e despedindosse da comitiva, prosseguio a sua jornada acompanhado somente do Capitão Mor, e outro Paulista, o do Padre Frei Francisco Pays Religioso do Carmo[18].

No fim da tarde, chegaram à fazenda do capitão-mor, em uma casa fortificada, bem-feita e arejada, com "jardins matizados de varias flores cada hum com sua fonte por diferente modo inventada". Nesta, o governador perma-

---

[17] Diário da Jornada do Governador, p. 305.
[18] Idem, p. 305.

neceu por dois dias, onde recebeu diversos presentes. O padre acompanhante lhe ofertou sete cavalos. No dia 29, por ser seu onomástico, sua Excelência "se confessou, e comungou por ser festividade do Arcanjo são Miguel"[19].

Em 30 de setembro, retomando a jornada, "Acompanharão a Sua Exª o dito Padre e os dous Paulistas", e, depois de uma légua de caminhada, foram recebidos por dois jesuítas, quando o governador despediu dos ditos acompanhantes e seguiu viagem até a Aldeia de Umboassica. Chegando a essa,

> aonde o receberão os Indios com humas danças, a modo das que fazem as regateiras com os arcos, e com esta muzica adiante, se apeou sua Exª na Igreja a fazer oração, e aly se deteve athe ter passado os cavallos, e toda a cometiva o Rio Tiete, que he bastantemente caudalozo, e despedindosse depois dos Padres continuou a jornada na cadeirinha todo o dia, para cujo effeito vinhão vinte carijós, que não podendo acomodar com os cochins a trazião entre quatro em sima dos ombros a modo de Andor.[20]

Esse modo, do qual era guiado o governador, despertou a curiosidade em todos os lugares por onde ele e a comitiva passavam.

Há uma légua antes de Mogi das Cruzes, esperava seu capitão-mor e vinte cavaleiros, que, ao encontrarem o governador, saudaram-no e, feitas as devidas continências,

---

[19] Diário da Jornada do Governador, p. 305.
[20] Idem, p. 306.

continuaram a marcha. Na entrada da Vila, aguardavam-no os vereadores da Câmara Local: "também a esperar a sua Exª com hum Paleo de tafetá carmezim, e desta sorte se recolheo athe a caza que se lhe tinha preparado, mandando recolher huma companhia de Infantaria, que estava formada a porta da caza"[21]. Mogi, nessa época, contava com umas duzentas casas, pouco habitadas, porque grande parte da população morava nas roças. Eles iam à vila, normalmente às quintas-feiras, em caso de doenças e nas festividades do ano. Nela havia o Convento dos Carmelitas. O vigário era um viúvo, pai de dois filhos, que havia recebido "o estado de Eccleziastico". Ainda em Mogi, no dia 1º de outubro de 1717, o governador foi levado até a Casa da Câmara, cumprindo todos os ritos e costumes. Após esses atos públicos, o Pálio foi dado a Paschoal Esteves, que serviu de secretário. Nesse dia, foram providos alguns ofícios e postos militares. O governador presenteou o capitão-mor com um cavalo.

No dia 2 de outubro, pela manhã, o governador saiu acompanhado pelo capitão-mor de Mogi. Sua excelência continuou sendo carregado por cinco léguas, "sempre em cadeirinha", por caminhos muito ruins. Eles subiram e desceram por sete morros, "ditos pecados mortaes", e chegaram à "Aldeya de Indios de El Rey administrados por huma pessoa com provisão dos Governadores com a invocação de Nossa Snrª da Escada, aonde estava o vigário da

---

[21] Diário da Jornada do Governador, p. 306.

villa de Iacarehy esperando por sua Exª"[22]. O Pe. Salvador Correa da Silva havia sido provido administrador dessa Aldeia, no dia 26 de setembro de 1717. Depois do almoço, o governador se embarcou pelo Rio Paraíba com o vigário. A comitiva seguiu por terra, a uma distância de quatro léguas. "Às cinco horas, chegaria sua Exª e logo veyo o buscar a camara a borda d'agoa fasendoselhe as mesmas continências, que os da villa de Mogi." No dia 3, em Jacareí, o governador foi "padrinho" de casamento de um casal de viúvos, ambos com sessenta anos de idade. O vigário, Pe. Carlos Monteiro, ex-jesuíta português, era conhecido do "Conde de Assumar", pai do governador D. Pedro de Almeida. Ali Sua Excelência proveu alguns ofícios e confirmou algumas patentes. A freguesia de Jacareí foi descrita como "bem mizeravel"[23].

Em 4 de outubro, continuou sua jornada diária e foi pernoitar em Iatevetiva, onde ficou em uma cabana de palha: "aly a noite foi bem perseguido de Baratas, que era em abundancia praga tão grande neste Pays, como na Europa os percevejos". O dono do Rancho, "com generoso animo, offereceo a sua Exª para cear meyo macaco e humas poucas de formigas, que era com tudo quanto se achava"[24]. O governador agradeceu a oferta e perguntou o que era, e responderam-lhe que: "o macaco era a caça mais delicada" naquela vizinhança e as formigas cozidas eram "que nem a milhor manteiga de Flandes". No dia seguinte, logo de

---

[22] Diário da Jornada do Governador, p. 306.
[23] Idem, p. 307.
[24] Idem, p. 307.

manhã seguiram viagem e percorreram quatro léguas de caminho pelas matas, onde viram papagaios, araras, bugios e "diferentes castas de animais". Enfim, chegaram à "cappela de Cassapava", onde o governador foi hospedado "com toda a grandeza".

Na manhã do dia 6 de outubro, partiu de Caçapava e, chegando a Taubaté,

> foi recebido com as festas, que nas villas antecedentes se tinhão feito. Aqui se deteve sua Exª athe o dia doze para descansar, e poderá ter esta Villa quinhentas para seiscentas cazas bem plantadas, e mais numeroza de Gente do que as outras. Proveram se os officios, e postos, que havia, e foi sua Exª regalado com 3 cavalos[25].

No dia 13 de outubro de 1717, de Taubaté,

> Sahio sua Exª pela manhã com muito acompanhamento, o qual despedio logo, e continuando a sua marcha chegou as honze horas a villa de Pindamonhangaba: nella foi recebido com muita festejo, e ainda que os moradores são poucos, é a villa muy pequena, experimentouse todo o regallo, e bom tratamento; porque a gente he da milhor, que há da serra asima[26].

No dia seguinte, fez muitos despachos de provisões, de patentes e confirmações de ofícios. Não seguiu viagem no dia 15 de outubro porque se sentiu mau. Nessa freguesia,

---

[25] Diário da Jornada do Governador, p. 307.
[26] Idem, p. 308.

o governador ganhou seis cavalos. Na manhã chuvosa de 16 de outubro, o governador D. Pedro de Almeida partiu de Pindamonhangaba e chegou às 10h ao sítio de Antônio Cabral, onde passou o restante do dia e ali pernoitou; mas a "hospedagem não foi a que se esperava". Esse constrangimento se deu, possivelmente, por duas razões: a primeira, porque Antônio Cabral estava ligado ao movimento do ouro e contrabandos nas Minas; segundo, porque seu irmão mais velho (Manoel da Costa Cabral) estava para ser nomeado juiz dos órfãos, em Guaratinguetá. A Justiça da Vila precisava ser reestabelecida para ser acreditada, pois havia muitas intervenções indevidas também na Justiça. Na manhã de domingo, 17 de outubro de 1717,

> ouvio sua Exª missa neste mesmo citio, e partindo depois chegou a Villa de Guaratingueta adonde foi recebido com duas companhias de Infantaria, húa de filhos da terra, e outra dos do Reyno, mayor parte marabuto e soldados. Os naturais são tão violentos, asecinos, q' raro he o que não tinha feito morte, e alguns sete e outo, e no anno de mil setecentos e dezasseis, se matarão dezassete pessoaz, e em menos de dous mezes tres e proximamente a huma mulher prenhe de outo mezes, por cujos agreçores fes sua Exª exactas deligencias[27].

No dia seguinte, fez o primeiro despacho em Guaratinguetá, nomeando o Juiz dos Órfãos de Pindamonhangaba: Domingos da Silva Teixeira. Nesse dia, Payo Velozo e os carregadores foram a Paraty buscar as cargas que lá

---

[27] Diário da Jornada do Governador, p. 308

deixaram em 30 de julho. Passaram pela Serra do Mar, via atual Cunha-SP.

No dia 19 de outubro:

> Sahio sua Exª pela tarde a pacear fora da villa emcontrou com hum bastardo, que vem a ser filho de branco, e de carijó, e advertido pelo capitão Mor que o acompanhava de que era hum homem malfeitor e que tinha concorrido para a morte da mulher prenhe, o chamou sua Exª, e mandou por João Ferreira a secretaria como emgano de que havia de levar huma carta a seu senhor, e desta sorte foi preso e tirando se lhe devaça se lhe provarão tres mortes com dezoito testemunhas [28].

No dia 20: "Se sentenciou a morte pelos Juízes, e o sargento Mor da Praça, prezidindo sua Exª a este acto". No dia 21 de outubro, o referido assassino: "Foi emforcado por hum negro, e asistido do Pe. da Companhia"[29].

Estando o governador dando alguns atendimentos públicos em Guaratinguetá, no dia 22 de outubro, chegaram três homens da "freguezia da Piedade", atual Lorena-SP, para apresentarem

> a sua Exª as razoens, que tinhão para não pagar a passage do Rio Parayba, e estando sua Exª informado, de que elles mesmos tinhão vindo com 30 armas pouco dias antes para obrigar ao Juiz a fazer hum termo em que os livrasse de pagar (como com efeito conseguirão) man-

---

[28] Diário da Jornada do Governador, p. 309.
[29] Idem, p. 309.

dou a João Ferreira, que os prendesse, e os remetesse logo para Paraty"[30],

e de lá que fossem mandados presos no Rio de Janeiro até que o ouvidor de São Paulo os sentenciasse. No dia 26 de outubro: "Prendeu se mais outro criminozo dos amotinadores, porem não se achando com tanta culpa, como outros, e por rogos de sua mulher, e May o perdoou sua Exª livrando-o de hir ao Rio de Janeiro"[31].

As cargas de mudanças e outros pertences do governador e da comitiva, que estavam sob a responsabilidade de Payo Velozo, chegaram a Guaratinguetá, no dia 27, e seguiram viagem para as Minas, no dia 29 de outubro. Essas, porém, somente no dia 31, chegaram ao Embaú, ao pé da Serra da Mantiqueira, onde tiveram de ser consertadas as cangalhas que haviam sido quebradas durante a viagem.

Ainda em Guaratinguetá, entre os dias 24 e 28 de outubro, fez as seguintes nomeações:[32] dos capitães Estevão Ribeiro de Alvarenga e Manoel Lopes, do tabelião Luiz de Távora, do capitão-mor Domingos Antunes Fialho, do escrivão Manoel Ferreira Henriques, do juiz de órfãos Manoel da Costa Cabral, do sargento-mor Lourenço Velho Cabral e do alferes Baltazar do Rego Barbosa. Tomou duas resoluções: a primeira sobre as divisas entre Taubaté e Pindamonhangaba, Guaratinguetá e São João del-Rei-MG. A

---

[30] Diário da Jornada do Governador, p. 309.
[31] Idem, p. 310.
[32] APM, SC-12, Livro de 1717-1721, Registro de Sesmarias, Cartas e Provisões, i. 30, f. 17.

segunda foi referente ao processo judicial contra Antônio Raposo Barbosa, o qual o governador averiguou e constatou ser inocente, por isso o deixou livre até que lhe dessem resolução judicial em seu caso, pelo "Juiz de fora" (representante da Coroa) de Santos. Em Guaratinguetá, no dia 28 de outubro, presentearam o governador

> com tres Cavallos, e não quis aseitar dous, que lhe offerecia hum Antonio Rapozo a quem se passou huma ordem para que solto, e livre podesse tratar do seu livramento, vista injustiça com que Mathias da Silva sendo sindicante da Comc[a] de são Paulo, e juiz de fora da villa de Santos oprendeo, e deixando o despois fugir da cadea por dous mil cruzados, que deo, lhe resultou ainda mayor crime na devassa que mandou tirar o dito Ministro[33].

Havia, portanto, também corrupção judicial. Por isso, que ainda estando em viagem, a 29 de novembro de 1717, em Carta ao rei D. João V, o governador notificou sobre a violenta sociedade, os desrespeitos contínuos e as desordens. Inclusive, quando esteve

> passando por Guaratinguetá achei aquella V[a] revolta em armas, porq' o Juis mais velho tinha pedido fiança a hum escrivão do seu Cartorio importante pellas escrituras q' continha, e mal seguro em sua caza por ser de palha, e por ser mal segura a pessoa q' estava de posse delle, de cujo procedimt[o] estimulando se o escrivão, foi com armas de fogo a caza do Juis e querendo este prendello por contra-

---

[33] Diário da Jornada do Governador, p. 310.

vir as ordens de VMagde., parou isto em o escrivão fugir pª os matos, e esperar hua oportuna ocazião de matar o Juis e neste andar escondido por fugir a morte do contra[34].

Aqui se observa os descasos e desacatos diversos, existentes na Vila de Guaratinguetá. No dia 30 de outubro, despediu-se de Guaratinguetá:

> Sahio sua Exª para prosseguir a sua jornada, e muitas pessoas o acompanharão athe a freguezia da Piedade, aonde jantou, e despois embarcandosse despois em huma canoa, e a família em outra pelo Rio Parayba, despois de navegar duas horas, chegou a huma paragem chamada o campinho, de onde prosseguio a marcha, com tanto enfado, que as seis horas da tarde chegou sua Exª a hum citio chamado umbau bem amofinado e desgostozo[35].

O "Diário de Jornada" menciona várias vezes o péssimo caminho, com lamaçais que dificultavam muito o fluido dos animais de cargas. No Embaú, o governador pernoitou em uma choupana, há uma légua (seis quilômetros) fora do Caminho Velho, pois, ali, ocorriam costumeiramente muitos assaltos e roubos de cargas.

No dia 31 de outubro prosseguiu viagem do Embaú, via "Ribeirão do Passa vinte", até a casa de Matheus Martins, onde passou a noite. Na manhã de 1º de novembro de 1717, D. Pedro seguiu viagem pelo "Passa trinta"

---

[34] APM, SC-04, Livro de 1709-1722, Registro de Alvarás e Cartas, i. 277, f. 285.
[35] Diário da Jornada do Governador, p. 310.

> e subindo despois a serra da mantiqueira tão ingrime, que quazi toda ella a subio a pé com cuja felicidade chegou ao cume della, e descendo despoiz outro tanto, deu se em planisse bastamente grande estava hum citio chamado o Pinheirinho, habitado por hum Paulista, que hospedou magnificamente a sua Exª, este determinou mandar daqui os índios de sua cadeirinha para aliviar as cargas dos seus cavallos ao pée da serra[36],

ainda hoje chamado "Pé do Morro". Isso significa que os "vinte índios carijós", que se revezavam para carregar o governador, deveriam ajudar também na condução das cargas até o próximo pouso e retornar no dia seguinte. Ainda nesse dia primeiro de novembro, na descida da Mantiqueira, a comitiva perdeu um muar de carga que rolou morro abaixo, caiu no ribeirão e morreu.

No dia 2 de novembro de 1717, saíram do Pinheirinho, almoçaram no "Passa quatro" e pernoitaram no Itororó, de onde saíram na manhã do dia 3 e seguiram caminho durante todo este dia. O governador não quis se hospedar na casa de um "Frade do Carmo", em Pouso Alto, "e assim proseguindo a sua marcha chegou perto da noute a boa vista, e em caza de Manoel Pinto, que o hospedou com toda a magnificência". Neste povoado da "Boa Vista", uma Ordenança militar de negros e seu capitão, com 12 muares, aguardavam a comitiva para conduzir as bagagens de mudanças e outras cargas que ainda vinham atrás, as quais deveriam partir no dia 5. Durante sua estada na Boa Vista,

---

[36] Diário da Jornada do Governador, p. 310.

no dia 4, o governador promoveu uma reconciliação familiar, advinda de uma confusão recente. "Ajustou sua Exª húa inimizade que tinha o Patrão da caza com seu cunhado o Padre sobredito, fazendo-os amigos[37]." Nesse local, povoação extinta, ainda hoje há uma capela dedicada a Nossa Senhora da Penha, próxima ao bairro chamado Sengó.

O governador e sua comitiva passaram o dia 5 de novembro na Boa Vista descansando. No dia seguinte, pela manhã, prosseguiram viagem e foram almoçar na casa do sargento-mor do Caminho Velho, "hú Ilheo chamado Thome Roiz, que o hospedou com magnificência". Essa paragem ficava na serra da Boa Vista, nas proximidades de Caxambu. No dia seguinte, continuaram a viagem e foram pernoitar próximos da Encruzilhada (atual Cruzília) da Aiuruoca, na "caza de Joseph Machado", possivelmente, no local da atual Fazenda "São Sebastião". Na manhã do dia 8, saíram e foram até a Traituba, onde morava o português José Rodrigues da Fonseca, "cujas cazas estavão muito aciadas, e o tracto foi magnífico"[38]. Nessa época, a Traituba era uma povoação, na qual se instalou uma Ordenança Militar em 13 de outubro de 1723[39].

A viagem continuou no dia 9 de novembro, da Traituba para "Carrancas, adonde forão também hospedados com magnificência e aqui chegou o Tenente General Felis de Azevedo a receber a sua Exª"[40]. Na manhã do dia 10 parti-

---

[37] Diário da Jornada do Governador, p. 312.
[38] Idem, p. 312.
[39] APM, SC-26, Livro de 1723-1725, Registro de Patentes e Provisões, f. 14v.
[40] Diário da Jornada do Governador, p. 312.

ram das Carrancas e, no caminho, encontraram o brigadeiro Antônio Francisco da Silva, que foi às Minas para receber o governador. Prosseguindo "a marcha ao Rio grande, q' o passou em canoas, para hospedar-se da outra parte em caza de hum Paulista chamado João de Tolledo: que o regalou com toda a magnificência, aqui sentio sua Exª huma dor de dentes, mas não que o mortificasse mtº"[41]. Na manhã seguinte, em 11 de novembro, o governador, o tenente e o brigadeiro foram à fazenda de Jerônimo Correa do Amaral, futuro próximo ouvidor do Rio das Mortes, onde passaram o dia e a noite. Tendo em vista também que o governador estava "com bastante mortificação, porque a dor de dentes foi em augmento"[42]. Todavia o governador, mesmo passando mal e sem melhorias, na manhã do dia 12, partiu para São João del-Rei. A uma légua da vila havia muitas pessoas curiosas que esperavam ver o governador, a comitiva, os cortesãos e acompanhantes. Porém, devido o estado de saúde de D. Pedro, a "cadeira que se carregava o governador", em forma de andor, foi substituída por uma "rede de dormir". E sua excelência "não se deixou ver de cuja estranheza ficarão hum pouco escandalizados, athe que tiverão informados do motivo"[43]. Possivelmente, o governador estava com o rosto inchado e deformado.

Chegando a São João del-Rei, não se utilizou da hospedagem que a Câmara havia preparado e foi pernoitar em casa de particular: "cujo trato de todos os dias, que aly se

---

[41] Diário da Jornada do Governador, p. 312.
[42] Idem, p. 312.
[43] Idem, p. 313.

deteve sua Exª foi magnífico". No dia 13, o secretário Paschoal Esteves, que vinha acompanhando o governador desde quando saiu do Rio de Janeiro, em 24 de julho, entregou seu cargo a Domingos da Silva. Na parte da manhã do dia 14, sua excelência estava bem melhor e na parte da "tarde deu audiência a Camara, e a alguns particulares". Na manhã do dia 15 de novembro de 1717: "Veyo da Camara a caza, e debayxo de Paleo foi conduzido sua Exª a Igreja adonde se cantou o Te Deum, e depois de ouvir Missa, se recolheu a caza com o mesmo acompanhamento"[44]. No dia seguinte, saiu para "ver a villa" e achou que esta deveria ter sido

> a mais bem plantada das Minas, he de peor, por ter quaze todas as cazas de palha, e humas muy separadas das outras e justamente pelas lavras de ouro, ficão tão perto dellas, que hoje se fazem, amanhã as botão em terra para trabalhar, o que cauza toda a irregularidade.[45]

O governador era de opinião de que os moradores deveriam construir suas casas próximas à igreja, onde não havia lavra de ouro, podendo melhor organizar a Vila.

A permanência de sua excelência, nessa localidade, durou até 26 de novembro, tempo em que concedeu Provisões de ofícios, confirmação e concessão de patentes aos da mesma vila e também a seus distritos: Aiuruoca, Arraial Velho, Ibitipoca, Itaverava e Caminho Velho[46]. Concedeu

---

[44] Diário da Jornada do Governador, p. 313.
[45] Idem, p. 313.
[46] APM, SC-12, Livro de 1717-1721, Registro de Provisões, Patentes, Cartas de Sesmarias, ff. 18-23.

ainda algumas Cartas de Sesmarias aos habitantes da Comarca do Rio das Mortes.

Na manhã do dia 27 de novembro de 1717, "prosseguiu a sua jornada, e o acompanharão muitas pessoas athe a passagem do Rio das mortes, que se pasou em Canoa, e continuando o caminho, chegou sua Exª a lagoa dourada, adonde foi hospedado por hum Paulista chamado Antonio de Oliveira Leytão com toda a magnificencia"[47]. Assim, a viagem continuou com pernoites em Tabapuã 28 de novembro, em Congonhas do Campo 29 de novembro, na paragem da Olaria 30 de novembro, onde foi hospedado por um criado do governador Antônio de Albuquerque, na casa de Manoel da Sylva Rosado, onde também se integraram à comitiva o senhor Domingos Rodrigues Cobra e seu filho Bartholomeu Vaz.

No dia 1° de dezembro de 1717, pela manhã, partiram da Olaria e chegaram ao Tripuí, onde houve parada. Nesta, chegaram outras pessoas acompanhadas do tenente Manoel da Costa e, em seguida, o governador D. Baltazar da Silveira. Com este estavam pessoas de toda a Comarca de Vila Rica, que, após os cumprimentos,

> forão com sua Exª caminhando the o princípio da villa adonde se assearão, e debayxo do Paleo forão conduzidos a Igreja passando por entre duas fileiras de soldados que fazia o serco da ordenança. Cantou se o Te Deum, e fez salva o regimento por tres vezes. Tornou sua Exª a montar a Cavallo para hir jantar a caza do Capitão Mor Henrique Lopes[48].

---

[47] Diário da Jornada do Governador, p. 314.
[48] Idem, p. 314.

Aqui aparece o velho costume de lavar o rosto e os pés, trocar de roupas e colocar calçados para entrar na cidade. Em Mariana estavam as casas de moradas e da governança à espera do governador e seus servidores, que custaram "mais de trez arrobas de ouro". "As cazas estavão mt° bem ornadas com cortinas nas portas de damasco carmezin, e as cadeiras, e cama do mesmo, e todos estes aparatos deu a sua Exª por adorno do seu Palacio da villa de Ribeirão. Vestio seis negros para pages, e os quatro choromelleiros de pano Berne, forrados de espernegam da mesma cor." Inclusive se "comprou também para esta função tres negros choromelleyros, que the custarão quatro mil cruzados"[49]. Quanto à roupa oferecida ao governador,

> no primeiro dia que chegou sua Exª apareceo com tres vestidos, e pela noute com hum de pano negro, ricos todos, mas no seo máo, e desperporcionado feitio parecião huns trapos. Sempre andou com hum cular no chapeo e seu broche, e finalmente tão ridículo em todo, que era o objecto de sua Exª[50].

Essas foram as últimas impressões que o Secretário do Diário de Jornada do Governador, D. Pedro de Almeida Portugal, fez sobre sua inicial estada nas Minas Gerais. Ressaltando a moda do vestuário de acordo com o barroco mineiro.

---

[49] Diário da Jornada do Governador, p. 315.
[50] Idem, p. 315.

Nessa primeira sede da Capitania de Minas Gerais, Mariana, a 2 de dezembro de 1717, tomou solene posse na condição de capitão general e governador. Somente a 24 de fevereiro de 1718, recebeu o título de "Conde da Vila de Assumar", o 4º na linha sucessória, com todas as honras e privilégios. O comunicado deste "título" de nobreza chegou às Minas dois meses mais tarde e veio a público na "Vª do Carmo 29 de Abril de 1718. Conde Dom Pº de Almeyda"[51]. Seu mandato na Capitania de Minas Gerais durou até 1º de setembro de 1732. Quando voltou a Portugal na condição de "Marechal de Campo", foi nomeado "General de Cavalaria" (1735), Vice-rei e Governador das Índias Portuguesas (1744-1756). Para todos os efeitos, sua Excelência foi um político honesto e hábil administrador!

---

[51] APM, SC-12, Livro de 1717-1721, Registro de Provisões, Patentes e Sesmarias, i. 57, f. 43v.

VIII

Nossa Senhora da Conceição Aparecida

A Devoção Mariana faz parte da história e da cultura do povo brasileiro.

Os católicos brasileiros veem em Nossa Senhora Aparecida, nossa Mãe – Rainha – Padroeira, forte elo e pertença à Igreja. Por isso, nossa devoção a Maria Santíssima passa pela fé: é uma esperança que nos conduz às estradas de Jesus e, no caminhar, induz às práticas cristãs.

O povo brasileiro e outros colonos, que aqui viviam no início do século XVIII, já estavam familiarizados com a devoção a Nossa Senhora da Conceição. Por essa razão, tão logo se identificou com aquela pequenina imagem que foi, possivelmente, retirada das águas do Rio Paraíba do Sul, naquela madrugada de domingo de 17 de outubro de 1717. A imagem encontrada nas águas, pelos pescadores, "parecia", aos olhos de todos que a viam, um retrato personalizado da miscigenação brasileira. A imagem da Virgem Imaculada, "aparecida" nas águas, possui traços europeus e está vestida à moda dos brancos, com cabelos indígenas e de cor negra.

No mês de outubro, na região Sudeste, a natureza se mostra com suas primeiras reações com as brotas e flores. As poucas chuvas são absorvidas pela terra sedenta de umidade. É a flora se esforçando para produzir suas folhagens, alimentar suas flores e produzir seus frutos. Então, a fauna migra de um lado para o outro à procura de seu sustento. Com as águas diminuídas nos ribeiros e rios, também os peixes procuram os lugares mais quentes e profundos. Aqui, nesse pormenor, explica-se a preocupação daqueles pescadores que foram intimados a levar peixes para a comitiva do governador D. Pedro de Almeida, porque os nativos sabiam que Rio Paraíba, na língua deles, significa: Água (Para) ruim (yba). Ainda que certamente a água era limpa, sem a poluição moderna, os peixes eram incertos. Portanto, sabiam que eram raros os peixes no alvorecer da primavera. Os vereadores e os juízes da Câmara Local também sabiam que a elite da comitiva não estava disposta a comer carnes de primatas nem saborear as formigas içás, ainda que estas fossem (e ainda são) as iguarias vale-paraibanas mais comuns nos primeiros quarenta dias de primavera.

As Normas da Igreja Católica no Brasil, inclusive as de 1707, no que se referem às sagradas imagens, sempre exigiram a devida decência e respeito: "com muito mais cuidado se guardará nas Imagens da Virgem Nossa Senhora; porque assim como depois de Deos não tem igual em santidade, e honestidade, assim convém que sua Imagem sobre todas seja mais santamente vestida, e ornada"[1]. Assim, as ditas normas notificavam aos encarregados do culto e pediam aos artistas que, ao fazer e ornar as "Imagens Sagradas, evitem-se totalmente as superstições, abusos, profanidades, e indecências"[2]. Ainda com relação às imagens sagradas e ornamentos danificados, os visitadores poderiam deferir:

> que por rotos, ou velhos não estejão capazes de servir, podendo-se reformar com causa nova, ou uns com os outros, de maneira que possão decentemente ainda prestar, mandem que assim se faça. E se estiverem em tal estado, que ainda que se reformem, não ficarão com decência, os mandarão queimar, e enterrar as cinzas dentro da Igreja[3],

ou lugar apropriados nos cemitérios ou outros definidos pela Igreja e que objetos sagrados não poderiam nem podem ser usados como profanos. Por isso, os católicos tinham o costume de, ao se quebrar uma imagem sagrada, de terracota ou pedra ou madeira, por respeito, atirava-a nas águas limpas e correntes dos rios e ribeirões para que os viventes não pisassem nem tivessem contatos profanos.

Foi nesse contexto social, antropológico e religioso, que a imagenzinha de Aparecida foi encontrada, acolhida, reconhecida, respeitada, guardada e venerada. Assim nós entendemos como é afetiva a fé do povo brasileiro e

---

[1] Constituições do Arcebispado da Bahia, 1707, p. 256.
[2] Idem, Idem, p. 258.
[3] Idem, Idem, p. 263s.

como sua devoção popular católica está integrada ao cotidiano da vida. Essa fé do devoto permeia e influencia suas práticas cristãs que fazem parte do ciclo da vida. Por isso os pescadores não tiveram dificuldades em identificar, naquela imagem, os traços que indicavam ser Nossa Senhora da Conceição. Dessa época, chegam até nós algumas informações históricas esparsas, confirmando que o Pe. Felix Sanches Barreto era o pároco de Guaratinguetá-SP, de 1716 a 1725. Este foi sucedido pelo Pe. José Alves Vilela.

O texto que o Pe. José Alves Vilela narrou sobre o encontro da imagem de Nossa Senhora da Conceição Aparecida, escrito em 1757, no Livro de Tombo da Paróquia de Santo Antônio de Guaratinguetá, informa-nos que foram muitos os pecadores convocados pela Câmara, mas somente três ganharam destaque no decorrer da história. "Entre muitos forão a pescar Domingos Martinz Garcia, Joam Alvez e Felipe Pedroso em suas Canoas[4]." Desses pescadores eram conhecidos os portos de lançar canoas ou de travessias. Dentre essas paragens vamos mencionar o Itaguaçu (Pedra grande), o Potyhim (Camarãozinho), o Barranco Alto, a Ponte Alta (ponte acima do alcance das cheias do Rio Paraíba) e Guaratinguetá. Lembrando que o "Itaguaçu" e a "Ponte Alta" eram pontos de passagem do "Caminho Velho" e faziam ligação com São Paulo e Minas; ainda hoje têm os mesmos nomes e são bairros da cidade de Aparecida.

---

[4] Arquivo da Cúria Metropolitana de Aparecida (ACMA), Livro de Tombo da Paróquia de Santo Antônio de Guaratinguetá, 1757-1783, ff. 98v e 99.

A referida pescaria no Rio Paraíba do Sul começou na noite de 16 outubro, em território da freguesia de Pindamonhangaba, em um porto que dava acesso às terras de José Correa Leite, tio materno de santo Antônio Galvão (1739-1822). A distância é longa porque o Rio Paraíba do Sul serpeia muito, todavia os pescadores pareciam ter feito a tentativa mais ousada, como nos revela o dito documento:

> E principiando a lançar suas Redes no porto de José Correa Leite continuaram athé o porto de Itaguassú, distancia bastante, sem tirar peixe algú, e lançando neste porto Joam Alvez a Sua rede de aRasto, tirou o corpo da Senhora sem cabeça; lançando maes abaixo outra ves a rede tirou a cabeça da mesma Senhora[5].

Isto se tornou singular: retirar das águas, com uma rede de arrasto, uma imagem de barro, encharcada, decapitada e em um lugar diferente, "mais abaixo", retirar "a cabeça da mesma" imagem. Também, quem conhece rede de arrasto sabe que retirar a cabeça de uma imagem de barro parece algo de estupendo ou quase impossível. Aos que têm fé, esse nos parece ser o primeiro milagre de Nossa Senhora. Afinal, enquanto os pescadores retiravam a imagem das águas, Maria Santíssima fazia um feliz encontro com o povo brasileiro!

Os pescadores, logo depois de ter retirado a imagem das águas, tê-la protegido e guardado respeitosamen-

---

[5] Arquivo da Cúria Metropolitana de Aparecida (ACMA), Livro de Tombo da Paróquia de Santo Antônio de Guaratinguetá, 1757-1783, ff. 98v e 99.

te, ocorreu o segundo fato misterioso que lhes chamou a atenção: "e continuando a pescaria, não tendo athe então tomado peixe algú, dali por diante foi tão copiosa a pescaria em poucos lanços, q' receoso, e os companheiros de naufragar pello muito peixe q' tinhão nas canoas se retirarão a suas vivendas, admirados deste sucesso"[6]. Esse fato ficou conhecido como a pesca milagrosa. É interessante perceber que os pobres pescadores, cansados e tensos, depois da abundante pescaria, recolheram-se em suas casas, com a sensação de missão cumprida. Aos que creem, esse é um sinal divino que vem ao encontro das necessidades humanas, por intercessão da Virgem Imaculada. Essa veneranda imagem ficou sob a guarda de Felipe Pedroso durante 15 anos, "pouco maes ou menos", tempo em que ele morou vizinho de Lourenço de Sá na Ponte Alta.

Em 1735, quando Felipe Pedroso

> passou a morar em Itaguassú, onde deo a Image ao seo filho Athanazio Pedrozo, o qual lhe fes hú Oratorio tal, e qual, e em hú altar de paos collocou a Senhora, onde os Sabados se ajuntava a vizinhança a cantar o terço e maes devoções. Em húa destas occaziões duas luzes de cera da terra repentinamente, que alumiavam a Senhora, estando a noite Serena, e querendo Logo Sylvana da Rocha accender as luzes apagadas, tãobem se virão logo de repente acezas, sem intervir deligencia algúa: foi este o primeiro prodígio, e depois em outra seme-

---

[6] Arquivo da Cúria Metropolitana de Aparecida (ACMA), Livro de Tombo da Paróquia de Santo Antônio de Guaratinguetá, 1757-1783, ff. 98v e 99.

lhante occazião virão tremores no Nicho, e Altar da Senhora, q' parecia cahir a Senhora, e as luzes tremulas, estando a noite serena[7].

O relato continua falando sobre outros sinais presenciados pelos devotos, sobretudo, nas vigílias de sexta para sábado, quando se reuniam para rezar. No entender dos devotos, Nossa Senhora quis se manifestar à comunidade unida em oração. Nesse ínterim, afirma o documento

> Em outra semelhante occasião, em uma sexta-feira para o sabbado (o que succedeu varias vezes) juntando-se algumas pessoas para cantarem o terço, estando a Senhora em poder da Mãe Silvana da Rocha, guardada em uma caixa, ou baú velho, ouviram dentro da caixa muito estrondo, muitas pessoas"[8]

puderam testemunhar isso. O Pe. José Alves Vilela, respeitável e respeitado, com certeza, depois de muito bem certificado relatou, no Livro do Tombo, a história do encontro da imagem e seus muitos prodígios, cujos seus fiéis da região tinham acompanhado desde o princípio. A fama da pequenina imagem foi se espalhando por toda a redondeza. Assim

> se foi dilatando a fama athe q' patenteando-se muitos prodígios, que a Senhora fazia, foi crescendo a fé e dila-

---

[7] Arquivo da Cúria Metropolitana de Aparecida (ACMA), Livro de Tombo da Paróquia de Santo Antônio de Guaratinguetá, 1757-1783, ff. 98v e 99.
[8] Idem, Idem, Livro do Tombo.

tando-se a noticia, e chegando ao R. Vigario Joze Alvez Vilela, este, e outros devotos lhe edificarão húa Capelinha e depois, demolida esta, edificarão no Lugar em q' hoje está com grandeza, e fervor dos devotos, com cujas esmolas tem chegado ao estado em q' de prezente está[9].

Aqui se refere a um pequeno Oratório construído próximo ao Porto do Itaguaçu, por volta de 1735. Posteriormente, já se pensava em construir uma Capela, porque a frequência de devotos estava aumentando. O bispo da Diocese do Rio de Janeiro, D. João da Cruz (1695-1756), estava em Visita Pastoral em Minas Gerais, porque, depois de trinta anos de tentativas, estava em vias de criação a primeira Diocese Mineira. Foi de Mariana-MG, em 22 de maio de 1743, que o senhor bispo concedeu provisão para a construção da igreja "em lugar decente" e o escolhido foi o Morro dos Coqueiros, cujas terras foram doadas pela senhora Margarida Nunes Rangel (1690-1776), viúva do capitão André Bernardes de Brito (1685-1743). A construção dessa primeira igreja foi dirigida pelo genro de dona Margarida Rangel, Antonio Raposo Leme, e foi inaugurada em 26 de julho de 1745, na festa de Santana. A partir de então, os passantes do caminho podiam subir o morro e visitar a querida imagem de Aparecida. E a construção dessa igreja estava eminentemente ligada ao Ciclo do Ouro, sobretudo o advindo de Minas Gerais.

Nesse contexto, vale lembrar o Pe. José Alves Vilela (1696-1779), que, natural de São Paulo, conhecedor do

---

[9] Arquivo da Cúria Metropolitana de Aparecida (ACMA), Livro de Tombo da Paróquia de Santo Antônio de Guaratinguetá, 1757-1783, ff. 98v e 99.

tupi-guarani, havia chegado à Vila de Guaratinguetá, em 1725. As boas qualidades desse eclesiástico atendiam aos intentos do conde D. Pedro de Almeida, no que se exigiam também aos párocos e vigários. Algo que o governador já havia proposto ao rei D. João V, em Carta de 4 de outubro de 1719, e que fosse exigido do bispo do Rio de Janeiro: "que não provesse padres nas Igrejas se não falassem a língua dos escravos e dos nativos"[10]. Assim sendo, a Câmara de Guaratinguetá, em janeiro de 1727, fez dois pedidos ao rei de Portugal: o primeiro que se elevasse a Paróquia de S. Antônio à condição de Colativa, isto é, que o pároco fosse pago pela Fazenda Real, a mesma condição que se fazia em Minas. O segundo que se confirmasse o Pe. José Alves Vilela como vigário colado, devido à necessidade e "grande conveniensa do povo, por que havendo muito gentio da terra, e molheres que não Sabem a língua Portugueza, para Se Confessarem e auxillio dado de ensinar ao gentio da terra pella Lingua desta Terra"[11]. O Pe. Vilela era um homem preparado e competente.

Foi esse Pe. Vilela quem paroquiou Guaratinguetá de 1725 a 1746 e continuou na Vila até 1755, como Juiz Eclesiástico. Foi ele quem preparou a freguesia para que ela pudesse ter a categoria de Colativa. Da mesma forma, ele teve grande importância na história da Devoção a Nossa Senhora Aparecida, pois dele dependeu a construção da primeira Capela de sapé no Itaguaçu, em 1735, depois a viabilização

---

[10] MACIEL, 2014, p. 157s.
[11] AHU – ACL – N – São Paulo, N. Catálogo: 579, i. 2.

e construção da primeira igreja no Morro dos Coqueiros, inaugurada em 1745. Foi ele quem pediu as missões jesuíticas pregadas nessa igreja, em 1748. Fundou a Irmandade de Nossa Senhora da Conceição Aparecida, com o intuito de zelar pela igreja, seu patrimônio e divulgar a devoção. Essa recebeu a Provisão Episcopal em 28 de fevereiro de 1752, cujos compromissos foram aprovados em 25 de maio de 1756, por D. Frei Antônio da Madre de Deus (1697-1764). Em 1752, o sargento-mor, Antônio Galvão de França (1696-1770), pai de S. Antônio Galvão (1739-1822), era o provedor dessa Irmandade. Também era membro da Irmandade Nossa Senhora Aparecida, o filho de D. Margarida Nunes Rangel, João Peres de Gusmão (1729-1810), residente na Lagoa da Aiuruoca, Sul de Minas, onde, com certeza, angariava fundos para essa Irmandade de Nossa Senhora.

A querida imagem de Aparecida, ao longo da História, tem despertado a curiosidade de crentes e ateus, de outros cristãos e cristãos católicos sobre sua origem, o "encontro" dela com seu povo e seu significado. Que mãos teriam feito aquela imagem? Quem, quando e por que a "jogou" no rio? A resposta continua sendo a de 1717: "não se sabendo nunca quem a lançasse" nas águas. Porém, sabemos que a imagem de Aparecida possui características daquelas que foram moldadas com argila paulista, idêntica às obras confeccionadas por Agostinho de Jesus, na segunda metade do século XVII. Agostinho de Jesus nasceu no Rio de Janeiro, professou-se no Mosteiro Beneditino da Bahia e foi ordenado presbítero em Portugal. Retornou ao Brasil e foi para o Mosteiro do Rio, onde "se ocupava na pintura, e em fazer imagens de barro para o que tinha especial graça, e direção. Ainda hoje [1926] se venerão nos altares do Mosteiro de S. Paulo imagens perfeitas obradas por este Monge quando lá rezidio... Faleceo aos 21 de Agosto de 1661"[12]. No Museu do Santuário Nacional, em Aparecida, há uma coleção de imagens que evidenciam os traços artísticos do Frei Agostinho de Jesus[13].

Os missionários jesuítas, padres Inácio Dias e João Xavier, pregaram missões na Capela de Aparecida, em 1748, quando eles relataram sobre as dificuldades das famílias de comerciantes aparecidenses. Também fizeram a seguinte observação: "Aquela imagem foi moldada em barro, de cor azul escuro, conhecida pelos muitos milagres realizados"[14]. Dentre os muitos ofícios ensinados e dirigidos pelos Irmãos jesuítas estava o de oleiro, por isso a expressão "barro de cor azul escuro", próprio para a confecção de telhas, utensílios e imagens sacras, porque é resistente e duradouro; uma argila de boa qualidade.

No ano de 1756, na paróquia de Guaratinguetá, os fiéis aptos aos sacramentos somavam 3.300 pessoas. A circunscrição territorial era de 36 quilômetros, sendo vizinha das freguesias de Pindamonhangaba e Piedade (Lorena). O pároco e vigário eram pagos pelos fiéis por meio de doações e leilões; a esse modo de manutenção chamavam-se de Conhecenças. Somente os párocos colados recebiam da Fazenda Real. Como o rendimento anual chegava a um conto de réis, os

---

[12] Mosteiro de S. Bento, Rio de Janeiro, 1926, p. 132s.
[13] MUSEU Nossa Senhora Aparecida, Catálogo, 2016, p. 20.
[14] Relatório Anual dos Jesuítas da Província Brasileira, 1748-1749 – Cópia do ACMA.

fiéis pediram a categoria colativa ao rei D. José I de Portugal. No relatório das paróquias da Capitania de São Paulo, datado de 22 de julho de 1756, aparece esta descrição: "A Freguezia de Santo Antonio da Villa de Guaratinguetá tem de destricto Seis Legoas, pessoas de confição e comunhão tem tres mil, e trezentas; pagão oitenta reis de Conhecença, e Rende hú anno por outro hú Conto de Reis: deve Ser Colada"[15]. Nessa época, Guaratinguetá era muito dependente do comércio proveniente das Gerais e do Ciclo do Ouro.

Em 1761, durante a Visita Pastoral a Aparecida, o visitador diocesano, Pe. Luiz Teixeira Leitão, "determinou ao ermitão para que não permitisse mais que os romeiros pousassem no recinto da Capela e que a imagem não fosse retirada de seu nicho"[16]. Igualmente estabeleceu algumas normas para a organização e solenização na procissão para beijar a imagem: "E havendo-se de dar a oscular a mesma Soberana Imagem, será com decência devida, tendo primeiro luzes ou velas acesas, estando o sacerdote que assim o fizer com sobrepeliz e estola, incensando primeiro a Imagem e fazendo as mais cerimônias em semelhantes atos"[17]. Geralmente, essas normas e exigências eram passadas aos ermitães (leigos consagrados, zeladores de Santuários), porque eles eram encarregados de acolher aos peregrinos, rezar com eles e contar a história de tal devoção.

---

[15] AHU-ACL – São Paulo, Cat.: 293, i. 6.
[16] Livro do Tombo da Paróquia de Guaratinguetá, Visita Pastoral de 1761, ff. 5v e 6.
[17] Livro do Tombo, idem.

Durante cinquenta anos a igreja de Aparecida esteve inteiramente sob a responsabilidade da paróquia de Guaratinguetá. Porém, a partir de 1795, passou a ter capelão próprio. O Pe. Francisco das Chagas Lima, missionário diocesano, trabalhou em Aparecida até 1800, onde era muito querido e estimado pelos romeiros. Este logo foi transferido para São João de Queluz, onde foi capelão modelo junto aos índios da etnia puris no decorrer de cinco anos. Quando chegou lá, em abril de 1800, a Aldeia estava em completa desolação, pois tinham morrido por peste 34 índios e outros 7 fugiram por medo da doença. Restavam apenas 45 adultos batizados e 7 crianças sem batizar. Naquele tempo, somente eram batizadas as pessoas (descendentes de não cristãos) que tivessem consciência da doutrina cristã.

Por sua experiência de trabalho com o povo e conhecimento da piedade popular, Pe. Chagas conseguiu conquistar a confiança dos índios e estabilizou a vida e o cotidiano daqueles nativos. A Visita Pastoral de 20 de novembro de 1803 à Aldeia de S. João de Queluz assim comprovou:

> O incansável Zello, o excessivo disvello, a ardente Caridade, com que se comporta o Rd° na instrução, e cathequização dos Indios desta Aldea, a prudência, com que os aparta dos vícios, a affabilidade com que os vai nutrindo com o Salutifero néctar do Sagrado Evangelho, tudo me reprezenta ver neste Lugar hum dos verdadeiros discípulos de Jesus Christo, todo entregue aos interesses do Seo Divino Mestre[18].

---

[18] REIS, 1988, p. 207s.

Dessa forma, registrou o visitador, Pe. Francisco da Costa Moreira, em 1803. O Pe. Chagas fez de tudo e a todo custo para salvaguardar os nativos puris, em São João de Queluz. Estava sempre pronto a dar informações sobre os índios, e seus perseguidores, às autoridades competentes. Porém, com sua saída, a Aldeia de Queluz entrou em um infindável declive, porque os sesmeiros (proprietários de terras) começaram os conflitos com os nativos por causa do uso de terras, invadindo as reservas dos índios.

Ainda em 1805, Chagas foi trabalhar junto aos índios da etnia Caingangues, em Guarapuava (Aguarapuaba: lugar onde os lobos uivam); para esse Aldeamento foi provido pelo bispo de São Paulo, D. Mateus de Abreu Pereira, em 22 de setembro de 1806, e nomeado pelo governador Franca e Horta. Essa comunidade tornou-se a freguesia de Nossa Senhora de Belém, em 9 de dezembro de 1819, sob o paroquiato do Pe. Francisco das Chagas Lima.

O Santuário de Aparecida, depois da saída do Pe. Chagas, também sofreu uma série de intervenções por parte do Governo Civil. Logicamente, que houve inúmeras interferências políticas e administrativas, que partiram dos Governos: municipal, provincial e imperial, de 1828 a 1889. Muitas vezes, nem levavam em conta as normas e as autoridades eclesiásticas. Basta recordar que Aparecida chegou a ser paróquia de 4 de março de 1842 a 2 de abril de 1844, mas a freguesia foi supressa por mando e petição da Câmara de Guaratinguetá e deliberação da Assembleia Provincial de São Paulo, sendo restabelecida somente em 1893[19].

---

[19] CADERNOS MARIANOS, n. 6, 1999, p. 24.

O professor de botânica, viajante francês, August de Saint Hilaire (1779-1853), em sua "Segunda Viagem" passando pelo Santuário, a 14 de março de 1822, assim relatou sobre

> á capella de N. S. Apparecida. A imagem que ali se [venera], passa por milagrosa e goza de grande reputação, não só na região como nas partes mais longinquas do Brasil. Aqui vem ter gente; dizem, de Minas, Goyaz e Bahia, cumprir promessas feitas a N. Senhora da Apparecida. A egreja está construída no alto de uma collina, à extremidade de grande praça quadrada e rodeada de casas[20].

Em 31 de março de 1854, o cafeicultor e comerciante, senhor Manoel Elpídio Pereira de Queiroz, visitando Aparecida, assim a descreveu em seu Diário de Viagem:

> Esta mesma tarde deixei a tropa no Domingão e vim a N. Senhora d'Apparecida, passando pela pequena capella da Roseira, huma legoa antes d'Apparecida, fica a 6 legoas de Pindamonhangaba, 1 legoa antes de Guaratinguetá. Fica situada num alto morro e do pateo da Igreja vê-se o famoso Parahiba. A estrada passa por baixo, deixando a Igreja à direita. Toma-se a direita, subindo por huma ladeira calsada, tendo casa dos 2 lados. A Igreja é bonita, bem doirada, com 2 altares lateraes; huma boa lâmpada de Prata. A Imagem he pequena. Cheguei á capella ás 6 horas, tempo em que estavão em oração; entrei na igreja e fiquei algum tanto comovido. Lá pousei. A freguesia tem 60 casas mais ou menos. No dia 1º de Abril mandei

---

[20] HILAIRE, August de Saint., 1932, p. 148s.

dizer huma missa a N. senhora, ouvi, e sahi d'ella ás 8 horas da manhã[21].

Em 1861, o viajante Emílio Augusto Zaluar (1825-1882) visitou diversos lugares da então Província de São Paulo. Foram muitas igrejas e lugares de devoção que ele teve a oportunidade de conhecer. Porém a ele ficou a impressão de que em Aparecida havia algo de especial.

> Entre todos estes templos que temos visto no interior do país, nenhum achamos tão bem colocado, tão poético, e mesmo, permita-se-nos a expressão, tão artisticamente pitoresco, como a solitária da milagrosa Senhora da Aparecida, situada a pouco mais de meia légua adiante da cidade de Guaratinguetá, na direção de S. Paulo[22].

Prosseguindo, ele reporta sobre o alcance já atingido por essa devoção.

> A fama da milagrosa Virgem espalhou-se por tal forma e chegou a tão longínquas paragens, que dos sertões de Minas, dos confins de Cuiabá e do extremo do Rio-Grande, vêm todos os anos piedosas romarias cumprir as religiosas promessas que nas suas enfermidades ou desgraças fizeram àquela Senhora, se lhes salvasse a vida ou lhes desse conforto nas tribulações do mundo[23].

E por ser médico, fez a seguinte constatação:

---

[21] QUEIROZ, 1964, p. 96.
[22] ZALUAR, 1975, p. 86.
[23] Idem, Idem, p. 87 e 88.

muitas curas que tem operado nos enfermos do mal de S. Lázaro, que tanto abundam neste ponto da província de S. Paulo e na de Minas, estendendo-se mesmo às outras que lhes são limítrofes, são o incentivo à maior parte das romarias que o povo faz a este templo solitário e à protetora imagem da Senhora da Aparecida[24].

Todos os católicos brasileiros, nobres e pobres, negros e brancos, indígenas e mestiços, buscavam suprir suas necessidades espirituais e temporais por intermédio da Mãe Aparecida. Assim também foi com a princesa Isabel, que, depois de ter passado alguns dias no Sul de Minas (Baependi e Caxambu), viajando de trem até Barra do Piraí, a cavalo e liteira, quis buscar saúde para sua fertilidade, nas águas medicinais sulmineiras. Naqueles dias de novembro de 1868, fez a promessa de construir uma igreja à santa Isabel da Hungria[25], em Caxambu. Então, a princesa Isabel (1842-1921) e seu esposo, alguns acompanhantes, tiveram o intuito de visitar também o Santuário de Aparecida. Eles regressaram de Baependi, a 30 de novembro, e foram pernoitando nas freguesias e fazendas. Nos dias 5 e 6 se hospedaram na casa do Conde Moreira Lima, em Lorena-SP. O casal imperial chegou a Guaratinguetá-SP, no dia 7, onde foram muito bem recebidos. No dia 8 de dezembro de 1868, a princesa reiterou sua promessa a Nossa Senhora e participou da Missa Solene, em Aparecida.

---

[24] ZALUAR, 1975, p. 88.
[25] SEDA, 2013, p. 136.

Terminou-se a festa da Senhora Aparecida no dia 8, celebrada em sua Capela com muita pompa e brilhantismo, e com assistência de SS. AA. a Princesa Imperial e seu consorte. Orou ao evangelho o nosso digno pároco Revd° Benedito de Jesus e por ocasião da procissão, o Revd° João Marcondes de Moura[26].

Por essa ocasião, a princesa doou uma coroa a Nossa Senhora, com a qual a imagem foi coroada "canonicamente", em 1904.

O "Almanak da Provincia de São Paulo para 1873", no que se refere a Guaratinguetá, também notifica algumas menções diretas e indiretas sobre Aparecida. O Pe. Benedito Teixeira da Silva Pinto, por exemplo, acumulava três funções: pároco de Guaratinguetá, um dos 37 eleitores da freguesia e presidente da comissão "administrativa da capella de Nossa Senhora da Apparecida". Sendo tesoureiro desta o senhor Francisco Marcondes de Moura, irmão do Pe. João Marcondes. Nessa época, na Freguesia de Guaratinguetá, residiam 14 presbíteros[27]. Havia muitos padres, mas com pouquíssimo zelo pastoral!

A devoção e o culto a Nossa Senhora da Conceição Aparecida estiveram, por diversos períodos, sob a dependência e o comando da Câmara Municipal de Guaratinguetá, sobretudo de 1844 a 1890, quando as Leis Provinciais e Municipais deixaram vulnerabilidade na administração do Santuário de Aparecida.

---

[26] Jornal "O Paraíba", 1868, edição de 29/11-13/12. Idem, SEDA, p. 137.
[27] LUNÉ, 1873, p. 206ss.

Isto se explica, afirmou o Cônego Dr. Joaquim do Monte Carmelo, pelo oportunismo carreirista dos Juízes Municipais, que sacrificavam os interesses da Capela em seu proveito. "Por esta lei o Juiz Provedor de Capelas torna-se o árbitro de Aparecida. Sem que ninguém lhe possa tomar contas, nomeia ele ou demite o tesoureiro e o escrivão quando bem lhe parece."[28]

Essa problemática se encerrou com a separação administrativa entre Igreja e Estado brasileiro, em 1891. A Provisão Eclesiástica de 28 de novembro de 1893 colocou fim em diversas cantinelas que até então estavam sem ou quase sem resoluções. Assim, a Igreja, na pessoa de D. Lino Deodato de Carvalho (1826-1894), pensou, expressou e definiu. "Querendo nós manifestar nossa devoção e amor ao dito Santuário e esperanças que nutrimos em Maria Imaculada, sua Padroeira, havemos por bem conceder, ao referido Santuário de Nossa Senhora da Conceição Aparecida, o título de Episcopal Santuário[29]." É a Igreja retomando sua missão junto ao povo fiel.

A devoção à Mãe Aparecida nasceu entre os ribeirinhos, tornou-se conhecida, sedimentou e popularizou-se durante o "Ciclo do Ouro", acompanhou e perpassou o "Ciclo do Café", cresceu na modernidade e continua com vigor na atualidade. Ela está integrada à Cultura Católica, no Brasil, e vai se integrando e se associando de acordo com as realidades vivenciadas pelos devotos. "Transmite-se com

---

[28] BRUSTOLONI, 1979, p. 88.
[29] ACMA – Livro do Tombo da Paróquia de Nossa Senhora Aparecida, vol. I, f. 2.

formas tão diversas que seria impossível descrevê-las ou catalogá-las, e cujo sujeito coletivo é o povo de Deus, com seus gestos e sinais inumeráveis[30]." Atualmente, são trinta e oito milhões de devotos brasileiros. É a fé comprometida e envolvida com o bem comum.

A Devoção a Nossa Senhora é parte integrante da cultura brasileira.

---

[30] Documento de Aparecida, 2007, n. 129.

IX

A Basílica Velha de Aparecida

Em 26 de julho de 1745, no "Morro dos Coqueiros", foi abençoada a primeira igreja para abrigar a imagenzinha de Nossa Senhora da Conceição Aparecida. Nessa igreja, por um século, os devotos foram acolhidos e, com eles, muitos louvores e agradecimentos foram elevados aos céus.

Em 1844, iniciou-se a construção da segunda igreja em Aparecida. O Pe. Francisco Antunes de Oliveira foi o responsável por essa edificação, em sua primeira fase (1844-1856), cujo mestre de obras foi o senhor José Pinto dos Santos. Nesse ínterim, o já referido senhor Manoel Elpídio Pereira de Queiroz, em 1854, observou que a igreja estava bonita e bem dourada. Também estava "fazendo um rico frontispício de pedra, com suas competentes torres"[1]. De fato, as obras de cantarias

---
[1] QUEIROS, 1964, p. 96.

dessa igreja, nas torres e frontispício, encantam-nos há um século e meio, por sua rara beleza. É uma igreja imponente, com requintes bem elaborados e aspecto majestoso. É um belo exemplar da arte eclética vale-paraibana paulista. Posteriormente, na segunda fase da construção (1856-1864), a obra esteve sob a responsabilidade do senhor João Júlio Gustavo. Mais uma vez as descrições (1861) de Emílio Zaluar podem nos ajudar no recuo do tempo, sobre esse local sagrado:

> Sua singela e graciosa arquitetura está de acordo com a majestosa natureza que a rodeia e com a montanha que lhe serve de pedestal, e domina, moldurado em um horizonte infinito, um dos panoramas mais arrebatadores que temos contemplado em nossas digressões[2].

Essas têm sido as experiências dos romeiros que adentram esse Santuário, em busca de proximidade de corpo e alma, diante da "protetora imagem da Senhora Aparecida, que refulge no altar-mor, adornada com um precioso manto de veludo azul, ricamente bordado de ouro, parecendo sorrir compassiva a todos os infelizes que a invocam, e a quem jamais negou a consolação e a esperança"[3]. Aqui vale lembrar da histórica tradição das imagens de Nossa Senhora usar coroa (1640) e manto régios.

O côn. Joaquim do Monte Carmelo (1817-1889) foi o responsável pela igreja e o término de sua construção,

---

[2] ZALUAR, 1975, p. 86.
[3] Idem, idem, p. 88.

quando o senhor Thomas Driendl foi seu mestre de obras. Nesse período (1878-1888), foi feito o acabamento, embelezamento exterior e interior, inclusive, foram encomendadas e colocadas (1870) as imagens sacras de Santa Isabel, São Joaquim, São José, São João Batista, São Bernardo e Santo Elias. São os santos e santas "ligados" à pessoa de Nossa Senhora.

Em 1893, foi reestabelecida canonicamente a paróquia de Aparecida, com seu novo pároco, o Pe. Claro Monteiro do Amaral. Em 28 de outubro de 1894, chegaram os missionários redentoristas bávaros (alemães) para trabalhar nesse Santuário. O Pe. Lourenço Gahr, C.Ss.R. (1829-1905) foi seu primeiro reitor. Em Carta endereçada à Alemanha, em 18 de novembro de 1894, o Ir. Estanislau, C.Ss.R. (1842-1920) dá-nos um belo exemplo de sensibilidade missionária, ao observar a espontaneidade devota dos brasileiros, na Basílica Velha. "A imagem está no altar-mor em um nicho de vidro; é negra e os negros se alegram porque, dizem, ela saiu do nosso meio. É Imaculada Conceição[4]." Aqui se nota a identificação do devoto com Nossa Senhora. Ela, aos poucos, foi nos mostrando que trazia consigo a cor e os traços da fisionomia dos brasileiros.

A Festa de Nossa Senhora Aparecida, celebrada em 8 de dezembro de 1894, deixou os recém-chegados redentoristas impressionados. Os romeiros chegavam de todos os lugares, de trem, a pé, a cavalo e de carro de boi. Houve novena preparatória com ladainha. Assim o Ir. Rafael

---

[4] CORESP, Livro de 1817-1896, Aparecida, 1893, vol. I, p. 120.

C.Ss.R. (1863-1906) descreveu-a em Carta de 26 de dezembro de 1894:

> Foguetes e morteiros são uso da terra; então no dia da festa foi extraordinário. Aparecida parecia bombardeada. Nunca vi isso, na minha vida. Na Festa houve três missas e dois sermões. A missa solene começou às 11 horas, terminando a 1 hora da tarde. Neste dia também a imagem foi descida do nicho e colocada na mesa da comunhão, podendo todos beijá-la e tocá-la com objetos religiosos. Às 6 horas da tarde foi realizada a procissão, que durou uma hora. Acompanhava grande multidão e meninas belamente vestidas de anjo, com asas nas costas. Um padre de Aparecida fez a pregação ao terminar a procissão. Eram 8h30. da noite, quando se fechou a igreja, começando então a queima de belíssimos fogos de artifícios. Muitas figuras, queimadas uma após a outra. Nunca vi coisa igual. Havia muita gente assistindo a esse belo e digno espetáculo. As duas últimas figuras foram a cruz e Nossa Senhora. Primeiro apareceu uma bela cruz de fogo e o povo todo descobriu a cabeça; depois apareceu Nossa Senhora em papel consumido finalmente pelo fogo. Foi o final, retirando-se então todos da praça[5].

Aqui deparamos com esses costumes históricos na Festa da Padroeira.

Durante o reitorado do Pe. Gebardo Wiggermann, C.Ss.R. (1843-1920), em 1896, foram instalados os quadros das estações da Via-Sacra na igreja. Essas obras magníficas foram pintadas pelo Irmão Max Schmalz, C.Ss.R. (1850-

---

[5] CORESP, Livro de 1817-1896, Aparecida, 1983, vol. I, p. 157.

1930), e ainda hoje continuam na mesma igreja, fazendo parte de seu patrimônio material (artístico) e imaterial (de culto). Também na passagem do ano de 1900-1901, início do "Ano Jubilar", antes da missa da meia-noite, as imagens do Crucificado e de Nossa Senhora das Dores, esculpidas pelo Irmão Bento, C.Ss.R. (1837-1912), foram abençoadas e entronizadas nesse Santuário[6].

Aconteceu, em Aparecida, a Reunião do Episcopado Brasileiro, entre os dias 1º e 6 de setembro de 1904. Eram nove bispos, e, em cada dia, um deles presidia o Momento de Oração Solene. Os salesianos residentes em Lorena-SP foram os responsáveis pelo coral, e as pregações ficaram a cargo dos jesuítas, padres Ferreira e André Fialho. No dia 8 de setembro de 1904, às 9 horas, iniciou-se a Solene Celebração de Coroação, na presença de 15.000 pessoas, presidida pelo núncio apostólico, D. Julio Tonti (1844-1918). O cardeal Joaquim Arcoverde (1850-1930) fez o discurso. O bispo de Petrópolis-RJ, D. João Francisco Braga (1868-1937), fez a Consagração a Nossa Senhora, a qual o povo repetia de joelhos. Após a consagração, mons. Benedito Paulo Alves de Souza (1873-1946), futuro bispo de Vitória--ES, leu o documento do Vaticano. Em seguida, o bispo de São Paulo, D. José de Camargo Barros (1858-1906), coroou solenemente a imagem, com a coroa doada pela princesa Isabel. O povo prorrompeu espontaneamente: "Viva Nossa Senhora Aparecida!"

---

[6] Crônicas da Comunidade Redentorista de Aparecida, Livro de 1894-1907, p. 141.

O papa São Pio X (1835-1914), em 29 de abril de 1908, em nome da Sé Apostólica, conferiu ao Santuário de Aparecida "o título de Basílica Menor e lhe conferimos todos os direitos, privilégios, prerrogativas, honras e indultos que de direitos competem às Basílicas menores"[7]. Essa igreja é a atual "Basílica Velha", cuja sagração se deu em 5 de setembro de 1909. Essa se tornou a Basílica-mãe em Terras Brasileiras, porque é a primeira em nosso país.

Durante o primeiro reitorado (1924-1929) do Pe. José Francisco Wandl, C.Ss.R. (1882-1937), foi instalado o "Órgão de tubos", o qual foi abençoado e usado pela primeira vez em 6 de fevereiro de 1927. Em seu segundo reitorado (1933-1936), foram encomendados, instalados e inaugurados os "Carrilhões", a 30 de junho de 1935. Esse reitor, simples e culto, versátil entre o popular e o solene, possuía grande tino pastoral e administrativo.

Sob a influência do cardeal Carlos Carmelo Vasconcelos Mota (1890-1982), arcebispo metropolitano de São Paulo, foi instituída (19 de abril) a Arquidiocese de Aparecida, pelo papa Pio XII, e instalada em 8 de dezembro de 1958. A então Basílica velha passou a funcionar também como a primeira catedral metropolitana de Aparecida.

Essa primeira Basílica do Brasil abrigou a imagem de Nossa Senhora da Conceição Aparecida por mais de um século. A 2 de outubro de 1982, foi transferida definitivamente para a Basílica Nova, onde continua sendo venerada pelos romeiros do Brasil e do mundo.

---

[7] CADERNOS MARIANOS, 1999, n. 6, p. 28.

X
A expansão da devoção à Senhora Aparecida

Os devotos da Mãe Aparecida, os peregrinos, atraídos por sua mística, e os admiradores de sua longa e bela história propagaram, continuam a propagar e rendem graças por tão venerável intercessão.

A busca por tão afamadas riquezas levava muitas pessoas às Minas do Ouro, o que se intensificou a partir de 1730. Tempos em que os guaratinguetaenses migravam para as Gerais, principalmente para essa região do atual Sul de Minas. Havia, nessa época, diversas povoações mineradoras nas "terras altas da Mantiqueira", quando as notícias boas e más corriam estradas. Os migrantes, viajantes, comerciantes e tropeiros eram os principais informantes da sociedade. E foi nessa logística informal que a fama da "Senhora d' Aparecida" chegou às Minas Gerais, Rio de Janeiro, Mato Grosso, Goiás, Bahia e Sul do Brasil. Os romeiros vinham de todos os lados; apesar das distâncias e dificuldades de locomoção, cavalgando e a pé, buscavam algo para si e para o próximo, apostando na certeza da intercessão de Nossa Senhora, Mãe de Deus e nossa mãe.

Os familiares do capitão André Bernardes de Brito e Margarida Nunes Rangel estavam ligados, direta e indiretamente, aos movimentos do Ciclo do Ouro, pois o terceiro filho desse casal, Domingos Leme de Brito, casou-se com a aiuruocana Maria da Conceição da Silva, em 21 de janeiro de 1749, na Lagoa da Aiuruoca, onde eram mineradores[1]. A quarta filha, Maria Nunes Rangel, casou-se com o (viúvo) capitão Antonio Raposo Leme († 1744), construtor da igreja de Aparecida e um dos fundadores da Paraíba Nova (Resende-RJ). O nono filho, Miguel Nunes Bernardes, foi guarda-mor nas minas da Aiuruoca, onde se casou com Catarina Maria da Silva de Aguiar, filha de Narciso de Faria Silva e Maria Pedrosa de Moraes. O décimo filho, João Peres de Gusmão (1729-1810), casado com Maria Antonia de Castilho († 1773), residente na Aiuruoca, era minerador e criador de gado. O décimo segundo filho, Pe. André Bernardes de Gusmão (1734-1797), foi vigário (1765 a 1776) em Baependi-MG e depois foi capelão na Lagoa (Aiuruoca), onde veio a falecer em 1797. Igualmente, havia muitos outros vale-paraibanos mineradores residentes nas Minas que contribuíram para a divulgação de tão distinta devoção à Mãe Aparecida.

---

[1] MACIEL, 2014, p. 182s.

No mês de dezembro de 1817, Spix e Martius estiveram em Aparecida. Eles escreveram sobre os romeiros, advindos de todas as partes, os quais eles haviam encontrado pelas estradas e chegavam a Aparecida. "A milagrosa Imagem de Nossa Senhora atrai muitos peregrinos de toda a Província e de Minas Gerais. Dessas romarias encontramos diversas, quando na véspera do Natal, seguimos viagem[2]." De fato, já naquele tempo, a devoção dos brasileiros e o fenômeno das romarias chamavam atenção também dos estrangeiros.

Em 1825, a comunidade de Alegrete-RS pediu licença à "Mesa de Consciência e Ordens" para a construção de uma capela dedicada a Nossa Senhora Aparecida, pois os devotos alegavam a grande distância para se dirigir, com frequência, a Aparecida-SP. A licença lhe foi concedida em 2 de março daquele ano. Porém essa igreja demorou para ser edificada, sendo inaugurada em 1846.

Ao longo da história foram acontecendo fatos extraordinários (graças e milagres), por intercessão da Mãe Aparecida: a libertação do escravo Zacarias (1827), por exemplo, é um deles. Esse fato deve ter tido uma repercussão "assustadora", naquela época, porque coincide com as mudanças de mentalidades, sobretudo, nas relações sociais: brancos, negros e mestiços versus livres, forros e escravos. Possivelmente, tornou-se um fato colaborador nas opiniões dos mais simples e pobres, com relação à escravatura, porque, nas Minas Gerais, desde

---

[2] SPIX e MARTIUS, in BRUSTOLI, 1979, p. 108.

1821, "51,10% dos negros e descendentes eram livres"[3]. No Brasil, a "Lei da Municipalidade", de 1º de outubro de 1828[4], estabeleceu e fortaleceu os preconceitos de classes e étnicos. Com a sansão da Lei n. 4, de 10 de junho de 1835[5], ajudou ainda mais a se intensificar os maus-tratos aos escravos. Essa era uma Lei Inconstitucional, mas que confirmou o poder pleno dos senhores sobre os escravos, dando-lhes o direito de puni-los até a morte, alegando ser uma "Lei de Segurança"[6]. Portanto, há fortes indícios históricos de que a "libertação" do escravo Zacarias "tornou-se um fato profético", um prenúncio diante dessas duas Leis geradoras de opressão e morte dos mais fracos e empobrecidos.

As estampas e os santinhos de Nossa Senhora Aparecida, impressos na França (1850), as fotografias da imagem tiradas em Aparecida, com manto e coroa, a partir de 1862, tornaram-se modos de incentivar e propagar os feitos divinos realizados pela intercessão de Maria. Também, a oficialização da missa semanal com a Bênção do Santíssimo, às quintas-feiras, na Visita Pastoral realizada por D. Antônio Joaquim de Melo (1791-1861), em 23 de junho de 1854. Nessa visita, houve atenção especial e valorização da "Sala dos Objetos de Promessas", sugerindo inclusive maior decência e ordem, segundo as normas da Igreja.

---

[3] MACIEL, 2009, p. 26.
[4] COLLECÇÃO das Leis do Império do Brazil, 1878, p. 74-88.
[5] Idem, 1864, p. 5 e 6.
[6] NABUCO, 2000, p. 90.

O senhor Francisco José Dias Pereira, tio-avô do presidente Wenceslau Braz Pereira Gomes (1868-1966), em 1862, construiu uma capela dedicada a Nossa Senhora Aparecida, em São Caetano da Vargem Grande, atual Brasópolis-MG. "

> Posteriormente, o Templo recebeu reformas apreciáveis, com o objetivo de melhorar e ampliar suas instalações, tendo-se em vista o crescimento progressivo das atividades religiosas programadas para o culto a Nossa Senhora Aparecida e melhor abrigar o número crescente de peregrinos que ali comparecia anualmente[7].

Ilicínea-MG é uma cidade sul mineira, outrora chamada "Congonhas". A povoação nasceu onde havia pouso de tropas de muares, nas margens do caminho que passava entre os Rios Grande e Sapucaí. Já nos meados do século XIX estava sob o patrocínio de Nossa Senhora da Conceição Aparecida, cujo "Patrimônio foi doado à Igreja por Manuel Ferreira Pacheco e Sra Doroteia Maria de Figueiredo, a 20 de fevereiro de 1873"[8]. Essa localidade tornou-se Distrito em 17 de novembro de 1875 e foi elevada à paróquia, em 18 de outubro de 1883, pela Lei Mineira n. 3150[9].

O devoto, mineiro de Itajubá-MG, em 1865, adquiriu terras que eram cortadas pelo Rio das Cinzas, no sertão do Paraná, onde, em 1867, o proprietário Thomaz Pereira da Silva chegou definitivamente com a família, colonos

---

[7] CINTRA, 1995, p. 68.
[8] LEFORT, 1993, p. 181.
[9] APM, Lei Mineira n. 3150, f. 121.

e escravos. Em 1878, o senhor Thomaz e esposa doaram a área de terras para a construção e patrimônio de uma Capela dedicada a Nossa Senhora da Conceição Aparecida. A Povoação cresceu repentinamente com a chegada dos migrantes. Foi elevada à freguesia (paróquia) a 6 de setembro de 1888. Tornou-se município em 8 de maio de 1889. A 7 de janeiro de 1890 foi instalada a Câmara Municipal, com a posse da vereança, sendo o donatário, Thomaz Pereira da Silva, o primeiro presidente da Câmara de Tomazina-PR.

Além dos muitos peregrinos que vinham ao Santuário, fazendo muitos dias de caminhada ou a cavalo, no último quartel do século XIX, houve considerável mudança, pois a construção das Ferrovias: Central do Brasil (São Paulo – Cachoeira Paulista) e Pedro II (Rio de Janeiro – Barra do Piraí), cujo trecho de ligação foi concluído e inaugurado, em julho de 1877, facilitou muito aos peregrinos. Da mesma forma foi a ligação dessas, em Cruzeiro-SP, com a Rede Ferroviária Sul Mineira, a partir de 1884, quando os mineiros intensificaram suas visitas a Aparecida. Nessa época, houve grande crescimento econômico na região.

Ainda sob os efeitos da expansão dessa devoção, em 11 de janeiro de 1888, os moradores de Carvalhos-MG pediram licença para a construção de uma Capela dedicada a Nossa Senhora da Conceição Aparecida. Em 27 de fevereiro de 1890, ainda inacabada a construção, obtiveram a licença para serem celebradas as missas mensais naquele local. A capela foi inaugurada no ano seguinte. No decorrer dos tempos, o povo devoto continuou ali a cultivar essa devoção e a celebrar sua festa anual à Mãe Aparecida[10].

Em Aparecida-SP: a elevação à condição de Santuário Episcopal em 1893, a inclusão da Festa de Nossa Senhora no calendário litúrgico da diocese de São Paulo, a chegada dos redentoristas, em 28 de outubro de 1894, que souberam respeitar os valores autênticos da Piedade Popular, a instalação dos quadros da Via-sacra (1896) no Santuário, as diversas missões populares realizadas pelos missionários de Aparecida, a partir de 1896, a aquisição de novas estampas de Nossa Senhora (1898), a criação do "Jornal Santuário" (1900), que empreendeu maior informação, divulgação e interação entre os devotos, a bênção e entronização das imagens do Crucificado e da Mãe das Dores, confeccionadas pelo Ir. Bento, C.Ss.R. (1837-1912), na passagem do século, à meia-noite do 31 de dezembro de 1900, são fatos e feitos que honraram e honram dignamente o Mistério de Cristo e a Missão da Igreja, em Aparecida. Portanto, todas essas iniciativas pastorais colaboraram para que o Ano Jubilar de 1901 fosse bem celebrado com os romeiros de Nossa Senhora.

Em novembro de 1902, os redentoristas residentes em Aparecida realizaram as missões na paróquia de São João de Queluz-SP, onde resolveram fazer uma experiência nova. Quebraram a tradição deles mesmos. Deixaram o quadro do Perpétuo Socorro e levaram uma imagem da Senhora Aparecida. "O que atraiu de modo extraordinário o povo

---

[10] LEFORT, 1993, p. 111s.

foi uma imagem de N. Senhora Aparecida que levamos conosco e que expusemos à veneração do povo. Diante dela rezavam os fiéis sem cessar e mantinham guarda continuamente[11]." Assim houve uma maior interação respeitosa, cultural e devocional entre os brasileiros.

Na primeira semana de setembro de 1904, os bispos brasileiros estiveram reunidos em Aparecida, quando debateram uma série de fatores sobre a Igreja no Brasil. Haviam passado quinze anos da Proclamação da República. Nesse período, chegaram centenas de religiosos e de religiosas para trabalhar no Brasil. Mas alguns grupos eram tendenciosos à "Europeização" do catolicismo brasileiro. Por isso, os senhores bispos se pronunciaram também sobre a formação dos presbíteros. "O clero deve ter uma formação especial, tendo em vista as necessidades de nosso país e de nosso povo, deve conhecer a índole, os costumes, as boas e más qualidades de nosso povo, seu caráter, sua língua e suas tendências. Essas coisas não conhecem os estrangeiros[12]." Essa Assembleia Episcopal aconteceu dentro do Ano do Cinquentenário da Declaração do Dogma da Imaculada Conceição (1854) e com a Solene Coroação de Nossa Senhora Aparecida como Rainha do Brasil, em 8 de setembro de 1904. Naqueles dias, o cardeal Arcoverde agradeceu aos devotos que se fizeram presentes no "Santuário, onde, com tanta pompa, com tanto esplendor, com tanto concurso de fiéis, com tanto enthusiasmo religioso,

---

[11] Crônicas Redentoristas, Livro de 1897-1954, p. 32.
[12] WERNET, 1994, vol. I, p. 237.

se venera a imagem de Maria Santíssima canonicamente coroada!"[13] Assim, a Igreja se reconhecia como Instituição autônoma e independente do Estado brasileiro. Por isso, a "coroação canônica" da imagem de Aparecida valorizava e confirmava a referida devoção, sua força religiosa e sedimentação cultural da fé. Nesse ano, o Pe. Gebardo Wiggermann, C.Ss.R. (1843-1920), elaborou e publicou o "Manual do Devoto" de Nossa Senhora Aparecida. Assim também a Pastoral Extraordinária do Santuário se esforçava para fazer comunhão com a Pastoral Ordinária da Igreja Católica no Brasil.

Em setembro de 1906, segundo aniversário da "Coroação da Imagem, de toda parte, acorreu o povo fiel, nestes últimos dias, para prestar no dia de hoje [8/9] à bondosa rainha do céu tributo da sua veneração filial e gratidão"[14]. Aqui se nota o entusiasmo querido do povo brasileiro por nossa Rainha de honra e Padroeira da nação. Nossa Senhora é Mãe educadora, reconhecida e amada pelos cristãos católicos e também por pessoas de outras religiões não cristãs.

Nas Missões Redentoristas, havia o costume (1902) de que, ao término do Sermão sobre Nossa Senhora, "se fizesse uma consagração fervorosa de toda a parochia e qualquer de seus membros a SS. Virgem". O Pe. José Afonso Zartmann, C.Ss.R. (1877-1933), redentorista bávaro, que chegou ao Brasil em 1902, foi um grande missionário po-

---

[13] Jornal Santuário, n. 9, 12/1/1918.
[14] Crônica da Comunidade Redentorista de Aparecida, Livro de 1894-1907, p. 251.

pular. Ele se inspirou em santo Afonso de Ligório, C.Ss.R. (1696-1787), para fazer a oração da Consagração a Nossa Senhora. Primeiramente era rezada nas missões, depois também passou a ser rezada no Santuário e tornou-se popular com a Solenidade de Coroação de 1904[15]. Essa foi sintetizada e oficializada a 24 de maio de 1918. A partir de 1951, diariamente (15h), era rezada na Rádio Aparecida e logo passou a ser proferida na Basílica Velha, com transmissão pela Rádio. Seu texto sofreu outras adequações teológicas em 1993 e em 2007. Essa fórmula de oração tornou-se marcante com o Pe. Vítor Coelho de Almeida, C.Ss.R. (1899-1987), por meio da rádio e do Santuário Nacional. Essa oração de consagração, por intercessão de Maria Santíssima, ainda continua a fazer eco nos lábios dos devotos da Mãe Aparecida.

Os missionários que atuavam no Santuário de Aparecida resolveram investir na edificação de um convento. A futura casa deveria abrigá-los e hospedar esporadicamente: autoridades eclesiásticas, padres e religiosos que viessem fazer seus retiros espirituais. Quando a equipe missionária contava com 23 redentoristas, 12 padres e 11 Irmãos, o Ir. Gregório, C.Ss.R. (1850-1930), arquiteto e mestre de obras, membro da Unidade Rio-Minas, elaborou a planta da casa, cuja construção iniciou-se em junho de 1911, conforme as prescrições canônicas da época. O imponente prédio foi inaugurado em 15 de dezembro de 1912. Nessa casa, além dos redentoristas, muitas pessoas importantes passaram e passam por ela, paulatinamente, nesse período de mais de 100 anos.

---

[15] Jornal Santuário D' Apparecida, Anno IV, 8/8/1904, n. 42, p. 7.

O Santo Padre Bento XV concedeu para o anno do segundo Centenario "do encontro" da Imagem de Nossa Senhora Apparecida uma indulgencia plenária em forma de jubileo que póde lucrar-se de 11 de maio de 1917 até 11 de maio de 1918. As obras prescriptas para se lucrar a indulgencia são: 1) um dia de jejum e abstinência; 2) a Confissão e Communhão; 3) uma visita à Basílica de N. Senhora Apparecida, na qual se deve rezar cinco Padre Nossos, Ave Marias e Gloria Patri segundo as intenções do Santo Padre e um Padre Nosso com Ave Maria e Gloria Patri pelo augmento das vocações ecclesiásticas e a santificação do clero[16].

Dentro do Ano Jubilar e durante a Novena da Imaculada, dia 1° de dezembro de 1917, em Aparecida, aconteceu o "Congresso Mariano". O encerramento do "Segundo Centenário do Encontro da imagem de Aparecida" ocorreu em 11 de maio 1918, cuja

> festa de Nossa Senhora foi comemorada com grande brilhantismo. Vieram pelo [Trem] noturno o Arcebispo D. Duarte, o Bispo Benedito Sousa, dos quais este celebrou missa às 7 horas, aquele às 8 horas no altar de N. Senhora. Às 5h30 [da tarde] saiu uma imponente procissão com enorme concorrência do povo. Houve beijamento da Imagem[17].

Durante esse Jubileu, o arcebispo de São Paulo e os missionários redentoristas já sentiram a necessidade de um "santuário maior" e com espaçosa esplanada. Aqui vale

---

[16] Jornal Santuário D'Apparecida, Anno XVIII, 15/12/1917, n. 5.
[17] Crônica da Comunidade Redentorista de Aparecida, Livro de 1908-1922, p. 222.

lembrar que, de 1904 a 1938, a Festa de Nossa Senhora Aparecida era celebrada no dia 11 de maio de cada ano. Durante a Novena em preparação à Festa de Nossa Senhora da Conceição Aparecida, em setembro de 1929,

> "Jubileu de Prata" da coroação da imagem da "Rainha e Padroeira", houve celebrações e outros eventos correlacionados. Nos últimos três dias antes da Festa realisou-se um Congresso Mariano, com Comunhões geraes, sessões de estudos e assembleas geraes. As theses do programma foram desenvolvidas por competentes oradores, sacerdotes e leigos, e despertaram grande interesse[18].

No dia 8, a Festa foi grandiosamente celebrada e "todo o povo recitou a consagração" a Nossa Senhora.

Os efeitos do referido "Ano Jubilar" dos 25 anos de Coroação de Nossa Aparecida culminaram na confirmação pontifícia de que Nossa Senhora é a Padroeira do Brasil, em 16 de julho de 1930, o que se celebrou na "Coroação" Solene, a 11 de maio de 1931, na Festa de Nossa Senhora. Então, o cardeal Sebastião Leme (1882-1942) quis fazer o mesmo ato de "Aclamação pública" na Capital Federal, no Rio de Janeiro. Depois de preparado e enfeitado o "Carro-Capela", sob a direção do Ir. Carlos, C.Ss.R. (1867-1937), sacristão e acompanhante:

> A máquina foi artisticamente enfeitada com bandeirinhas, trazendo as cores papais e nacional; e com outros adornos. Na frente bem na ponta, foi colocado um escudo representando a Imagem de Nossa Senhora, pintu-

---

[18] ALMANAK, 1931, p. 33.

ra esta feita pelo conhecido escultor e pintor, Francisco Ferreira, vulgo: 'Chico Santeiro'. O mesmo fez outros dois escudos, que foram suspensos nas paredes laterais do "Carro-Capela" no lado de fora"[19].

O "Trem Santuário" saiu de Aparecida na noite do dia 30. A viagem foi descrita como um triunfo, nas margens da Ferrovia, principalmente nas "paradas" e "estações", onde o povo aguardava com "verdadeiro delírio". No percurso "se viam pessoas sozinhas ou em grupo, com velas nas mãos, ajoelhadas". O trem chegou à Capital Federal às 7h30, como estava previsto, onde a multidão esperava ansiosa.

Da Estação Pedro II, no Rio de Janeiro, a imagem de Nossa Senhora foi levada à catedral, onde permaneceu para a veneração dos fiéis até o início da procissão, às 14h. E, durante todo esse tempo, os redentoristas, padres Francisco Wand (1882-1937), Oto Maria (1880-1954), Antônio Andrade (1894-1968), Antonio Macedo (1902-1989) e o Irmão Carlos (1867-1937) ficaram de "guarda da imagem". A procissão, da Catedral à Esplanada do Castelo, durou três horas e meia.

> Enquanto a Imagem ia no "automóvel-andor", as aclamações, os vivas interrompiam o canto e a oração. Das casas, dos arranha-céus caíam chuvas de flores continuamente. O povo alvoroçava, cada um querendo ver a Imagem e chegar mais perto dela. Três fileiras de soldados de um

---

[19] Crônica da Comunidade Redentorista de Aparecida, Livro de 1929-1940, p. 127s.

lado e três fileiras de outro ladeavam o 'carro-andor' para conter a massa. Porém, logo os cordões de isolamento romperam-se e os soldados não puderam conter o bloco. À frente da Imagem ia o clero com paramento de gala; imediatamente ao redor do carro, algumas altas patentes em traje de rigor; logo atrás do carro a comissão de Aparecida e no fim os Senhores Bispos e Arcebispos e atrás de todos, o Sr. Cardeal, todos com paramento de cerimônia. Quando o final da procissão chegou à Esplanada, já estava literalmente repleta de povo. À custo, a Imagem pôde ser levada ao altar da coroação[20].

Lá também esperavam o Presidente da República, Dr. Getúlio Vargas (1882-1954), os diplomatas e as patentes. A esplanada estava preparada, com luzes e equipamentos de sons. O espaço foi organizado por blocos, de modo que o povo pudesse cantar e rezar a uma só voz. A imagem chegou, foi retirada do carro-andor e beijada pelo arcebispo de São Paulo, D. Duarte Leopoldo e Silva (1867-1938), e este a passou ao cardeal, D. Sebastião Leme, e este ao Presidente Getúlio Vargas.

Em seguida, debaixo de entusiásticas aclamações, foi colocada no altar adrede preparado. Foi então feita a solene consagração, em forma de invocações, as quais eram proferidas por uma pessoa e repetidas pelo povo. Por fim, meninas vestidas de anjo coroaram a Imagem, enquanto outras derramavam sobre ela um chuveiro de rosas. Nesse momento o júbilo e o entusiasmo transpuseram os limites. Foi um grito de alegria, partindo de milhares de

---

[20] Crônica da Comunidade Redentorista de Aparecida, Livro de 1929-1940, p. 131.

corações, ali unidos na mesma fé, na mesma vontade de católicos, fervorosos devotos da excelsa Rainha do céu. Segundo os cálculos quase unânimes, estiveram presentes na Esplanada um milhão e 500 mil pessoas. Nunca se viu no Brasil e talvez no mundo inteiro uma reunião de povo tão grande como essa. A Esplanada de grande tornou-se pequena para conter a multidão entusiasmada[21].

Depois desse Ato de "Aclamação" Celebrativo, as autoridades religiosas, políticas e militares se despediram da imagem de Nossa Senhora. Ela, com seus "guardiães", os devotos acompanhantes retornaram a Aparecida. Era noite. "Às 9h30 o trem 'Santuário' deixou a estação debaixo de estrondosas aclamações. Foi obrigado a parar em todas as estações, para receber as demonstrações calorosas, como na ida. Em algum lugar foi até maior." Chegaram a Aparecida, às 7h30, do dia seguinte. "O badalar dos sinos, o tiroteio dos foguetes anunciavam a grande alegria: Nossa Senhora estava novamente em Aparecida. Uma multidão compacta esperava[22]." Houve missa campal na Praça da atual Basílica Velha.

Jamais a Capital Federal viu tão grande mobilização, séria e ordeira, em que a Mãe Aparecida foi Aclamada Rainha e Padroeira.

A ida de Nossa Senhora foi, sem dúvida, uma grande bênção para o Brasil, mormente agora na encruzilhada difícil

---

[21] Crônica da Comunidade Redentorista de Aparecida, Livro de 1929-1940, p. 131-132.
[22] Idem, Idem, p. 132.

por que passa. Somente a graça do céu pode salvar a nossa Pátria. Essa graça foi implorada, na invocação da consagração: "Salvação para a nossa Pátria! Paz ao nosso povo!"[23]

Esse foi o Brasil de ontem, parecido com o Brasil de hoje! Nessa época da aclamação de Rainha e Padroeira, os redentoristas continuaram a sonhar com a construção de uma grande igreja, em uma esplanada ampla. Então, esse sonho começou a se concretizar com o lançamento da "pedra fundamental" da Basílica Nova, em 10 de setembro de 1946. Mas, a pedido do arcebispo, tiveram de esperar o término da construção da Sé, em São Paulo.

Em 7 de setembro de 1952, celebrava-se a Festa da Padroeira, cuja procissão e cujo encerramento foram no "Morro das Pitas", no local onde se iniciou dois dias depois a terraplanagem (que durou dois anos) para construção da Basílica Nova de Aparecida. As colunas da nave norte começaram a aparecer em fevereiro de 1956. Nessa nave, ainda em construção, em junho de 1959, iniciaram o atendimento dominical aos romeiros. No ano de 1962, mês de maio, mês de Maria e das mães, dezenas de ônibus estacionaram na esplanada, em frente à nave norte, já bastante avançada a construção da torre, que foi concluída em agosto de 1964.

A fundação da Rádio Aparecida, em 8 de setembro de 1951, foi um bom germe de comunicação. Nasceu pequenina, mas, a partir da década de 1960, houve acentuada amplia-

---

[23] Crônica da Comunidade Redentorista de Aparecida, Livro de 1929-1940, p. 133.

ção no alcance dos equipamentos e constante manutenção; sempre estendeu o Santuário Nacional aos lares brasileiros. As transmissões de programas instrutivos e celebrações religiosas influíram e influem na formação dos cristãos católicos brasileiros. Aqui vale lembrar das "campanhas" promovidas pelo Santuário e a colaboração dos fiéis devotos: uma parceria justa e necessária, em função do bem comum. O Pe. Vítor Coelho (1899-1987), em seus escritos de setembro de 1965, já pensava e desejava um canal de televisão, em Aparecida.

Em 1967, o papa Paulo VI manifestou o desejo de congratular o povo brasileiro, por meio da veneranda imagem de Aparecida, "no curso deste ano. Êle iria benzer e enviar a Rosa de Ouro à Basílica e Santuário mariano de Nossa Senhora da Imaculada Conceição de Aparecida, a celeste padroeira do Brasil, no 250º aniversário do encontro da Imagem"[24]. De fato, o Santo Padre enviou sua delegação pontifícia e presenteou a Mãe do Redentor e o Povo Brasileiro com a conhecida "Rosa de Ouro". "Esta faustosa data de 15 de agosto deste Ano Jubilar de 1967 ficará sendo um glorioso marco e um arco de triunfo na história religiosa do Brasil Católico[25]." Nessa época, o Santuário já recebia anualmente quatro milhões de pessoas, e, no Brasil, havia 150 paróquias com o título de Aparecida.

Então, foram lançados os pilares e colunas, iniciou-se a construção da primeira esfera da cúpula da Basílica Nova. A segunda esfera foi concluída a 14 de agosto de 1970.

---

[24] Ecos Marianos, 1967, p. 99.
[25] Idem, 1967, p. 108.

Dois anos depois, mudou-se o cenário outra vez, e, em agosto de 1972, foram finalizadas: a "Passarela da Fé" e a "Capela das Velas".

No dia 16 de maio de 1978, houve um atentado contra a veneranda imagem, quebrada em dezenas de pedaços. Ela, respeitosamente nosso símbolo de brasilidade católica, depois de uma primorosa reconstituição e restauração, estava pronta para retornar a seu Santuário. A 9 de agosto de 1978, em seu cortejo de retorno, "a Mãe de Deus e nossa" trouxe consigo uma multidão de fiéis, desde a Capital Paulista, no Museu do MASP, com a restauradora, a senhora Maria Helena Chartuni, a qual escreveu o seguinte testemunho:

> Depois que a imagem saiu de minhas mãos, ela foi conduzida a um caminhão do Corpo de Bombeiros e levada, triunfalmente, até Aparecida, pela Rodovia Presidente Dutra, ladeada por um corredor humano ininterrupto, da Avenida Paulista, desde o MASP, até Aparecida, onde as pessoas a saudavam, rezando e se emocionando às lágrimas, na maior demonstração de fé espontânea que jamais havia visto em toda a minha vida. Naquele momento, a emoção tomou conta de mim e senti, pela primeira vez, que havia tocado em algo sagrado e inexplicável![26]

Em decorrência dessa comoção nacional, provocada pela quebra da imagenzinha de Nossa Senhora Aparecida, o Brasil voltou sua atenção para o Santuário Nacional. Por essa razão, houve aumento nas visitas de peregrinos. Em

---

[26] CHARTUNI, 2016, p. 98.

14 de outubro de 1979, a Basílica recebeu 200 mil romeiros, que vieram fazer sua visita à Mãe Aparecida.

A visita do papa João Paulo II, a 4 de julho de 1980, mostrou mais uma vez o reconhecimento e a importância do Santuário de Aparecida à Igreja Católica, mesmo porque os fiéis católicos são influenciados e procuram aprender tudo o que se faz nesse Santuário, cuja visibilidade, por meio dos meios de comunicação modernos, projeta-o para longe. O papa pediu aos fiéis devotos que permanecessem na "Escola de Maria" para escutá-la e seguir seus exemplos:

> A devoção a Maria é fonte de vida cristã profunda, é fonte de compromisso com Deus e com os irmãos. Permanecei na escola de Maria, escutai a sua voz, segui os seus exemplos. Como ouvimos no Evangelho, ela nos orienta para Jesus: "Fazei o que vos disser" (Jo 2,5). E, como outrora em Caná da Galileia, encaminha ao Filho as dificuldades dos homens, obtendo dele as graças desejadas. Rezemos com Maria e por Maria: ela é sempre a "Mãe de Deus e nossa"[27].

Nossa Senhora nos conduz a Jesus.

O translado da imagem de Nossa Senhora da Basílica Velha para a Basílica Nova ocorreu no dia 2 de outubro de 1982. Dois dias antes, os missionários redentoristas, "guardiães da Imagem de Aparecida", também haviam se mudado para o "Convento novo", passando a residirem ao lado da Basílica Nova. A partir de então, a Casa dos Redento-

---

[27] Pronunciamentos do Papa no Brasil, Edit. Vozes, Petrópolis, 1980, p. 130.

ristas, construída em 1912, na Praça da Basílica velha, foi apelidada de "Convento velho". Esse, desde 1998, em seu pátio, abriga o "Memorial Redentorista", onde dezenas de missionários descansam em seus restos mortais, no aguardo da feliz ressurreição, segundo a fé cristã. Muitas pessoas piedosas gostam de visitar esse lugar de respeito e oração.

O Congresso Eucarístico Nacional foi realizado em Aparecida no mês de julho de 1985; foram dias de mobilização nacional entorno do Mistério Eucarístico. Neles se deu a fundação da "Academia Marial de Aparecida", instituição que tem a missão de pesquisar, produzir, divulgar e colaborar com os estudos da Devoção Mariana e da Mariologia. Seu patrono é São José de Anchieta.

Na última semana de outubro de 1994, em Aparecida-SP, houve grandes momentos celebrativos, pois os missionários redentoristas completavam seu "Primeiro Centenário" de presença do Brasil. Neste ínterim, mais de 700 redentoristas e formandos dessa Congregação se fizeram presente na cidade Santuário. Este "Ano Centenário, 1893-1894", foi aberto em Juiz de Fora-MG, na igreja da Glória, e encerrou-se no Santuário Nacional. Na semana de encerramento, os redentoristas tiveram dias de "Misericórdia e Consolação" divinas, em que superabundou a busca de conversão, de união e de gratidão.

A partir de outubro de 1987, o Santuário Nacional de Aparecida, além das emissoras de Rádio, passou a transmitir pela televisão, semanal e diariamente (1997), as celebrações eucarísticas do Santuário. Igualmente pôde transmitir muitas de suas celebrações do grande "Jubileu do Ano 2000". Todos esses eventos sucederam em decorrência dos esforços do arcebispo metropolitano, D. Frei Aloísio Lorscheider, OFM (1924-2007), durante seu mandato em Aparecida (1995-2004), e dos missionários que atuam na Pastoral Extraordinária do Santuário.

O "Ano Jubilar – 2000" foi celebrado com todo apreço e dignidade entre os romeiros devotos, pois a Pastoral do Santuário Nacional se pautou pela proposta da Conferência Episcopal dos Bispos do Brasil. Durante os três anos antecedentes e no decorrer do próprio ano de 2000, houve iniciativas, procedimentos e celebrações que faziam jus ao empenho e exercício Pastoral Eclesial.

A História da Devoção a Nossa Senhora da Conceição Aparecida nos mostra sua expansão gradativa e progressiva que emana do Santuário Nacional. Assim sendo, a devoção popular sadia é um dos quesitos da inculturação da fé cristã católica.

XI

No alvorecer deste Terceiro Milênio Cristão

O Santuário Nacional de Aparecida continua sua missão eclesial no início deste novo milênio. A Igreja Católica na América Latina já se preocupava em fazer revisão e direcionar sua nova atuação pastoral.

A partir de março de 2004, D. Raymundo Damasceno Assis tornou-se arcebispo de Aparecida e seu mandato durou até novembro de 2016. Durante seu governo na Arquidiocese de Aparecida, o papa Bento XVI se pronunciou (2006), dizendo que a próxima Conferência seria em Aparecida, o que aconteceu. Ele mesmo marcou presença na abertura da V Conferência Geral do Episcopado Latino-americano e Caribenho, realizada de 13 a 31 de maio de 2007, no Santuário Nacional. Nessa, o papa Bento XVI pediu

> à Mãe de Deus, Nossa Senhora da Conceição Aparecida, que zele pela vida de todos os cristãos. Ela, que é a Estrela da

Evangelização, guie nossos passos no caminho do Reino celestial: "Mãe nossa, protegei a família brasileira e latino-americana! Amparai, sob o vosso manto protetor, os filhos desta Pátria querida que nos acolhe. Vós, que sois a Advogada junto ao vosso Filho Jesus, dai ao povo brasileiro paz constante e prosperidade completa"[1].

Assim foram dados todos os procedimentos necessários para a realização dessa tão importante Conferência.

Durante a "Jornada Mundial da Juventude", realizada no Brasil, o papa Francisco visitou o Santuário de Aparecida naquele dia 24 de julho de 2013. Na celebração Eucarística, durante sua homilia, o papa Francisco encorajou a juventude, pediu aos pastoralistas que a acompanhassem e fizessem dos jovens os protagonistas de um mundo melhor, porque eles têm potencial para transformar a Igreja e a sociedade.

O Santuário de Aparecida, por meio do arcebispo metropolitano, D. Raimundo Damasceno Assis, e de seus missionários, desde 2014, vinha se preparando para o Jubileu dos 300 Anos do encontro da imagem de Aparecida. Esse grande Jubileu foi norteado pelo "Ano Mariano" da Igreja no Brasil, quando todos os católicos se comprometeram celebrá-lo, desde 12 de outubro de 2016, culminando com grande júbilo, em 12 de outubro de 2017. São 38 milhões de brasileiros devotos. Somente uma terça parte deles consegue visitar o Santuário Nacional anualmente, mas todos buscam ser fiéis filhos de Nossa Senhora, sabendo que Jesus Cristo é nosso irmão mais velho, o Primogênito.

---

[1] Documento de Aparecida, 2007, p. 288.

A preparação desse Jubileu esteve sob a responsabilidade dos missionários redentoristas, que atuam no Santuário Nacional, sob a supervisão do arcebispo. Por todos os lugares do Brasil, muitas paróquias e dioceses receberam a visita da "imagem peregrina" de Nossa Senhora, desde 2014. O atual arcebispo, D. Orlando Brandes, desde novembro de 2016, somou forças e se empenhou, para que esse momento pudesse ser uma "injeção salutar" de Evangelização, no Santuário, na Arquidiocese e no Brasil. Assim se planejou, radiosa e esplendorosamente, a Solenidade dos "300 anos" de nossa Mãe, Rainha e Padroeira do Brasil, Nossa Senhora da Conceição Aparecida.

Ainda dentro desse contexto, de 9 a 12 de agosto de 2017, realizou-se o XI Congresso Mariológico, em Aparecida-SP. Esse evento, cuja finalidade principal foi fazer Memória histórica, devocional e mística, de tudo que "brotou e brota" a partir do "Encontro" da imagem de Nossa Senhora da Conceição Aparecida, desde 17 de outubro de 1717, foi promovido pela Academia Marial Aparecida (AMA), sob a direção do Pe. Valdivino Guimarães, C.Ss.R., com parceria da Pontifícia Universidade de São Paulo (PUC). A saber, essa Devoção será sempre um dos temas mais estudados, histórica, social, antropológica, teológica e culturalmente, pois a "Mãe de Deus e nossa" é a grande referência humana e cristã. Aqui é bom lembrar que os Congressos Marianos, em Aparecida, pontilham desde 1^0 de dezembro de 1917. Todos eles trouxeram boas e férteis reflexões.

O Santuário Nacional, com sua suntuosa "Basílica Nova", adornada com as significativas artes sacras, fundamentadas nas Sagradas Escrituras e na Tradição Católica, foi devidamente preparado para a Celebração do Grande Jubileu dos 300 anos do Encontro da veneranda imagem: fonte de inspiração, bênçãos e feitos, pela intercessão da Mãe Aparecida. O papa Francisco nos disse que, na imagem de Aparecida, Nossa Senhora deixou se encontrar pelos seus filhos. Ali ela esperava seus filhos, em meio a suas lutas e anseios. Maria estava ali, onde os homens tentam ganhar suas vidas"[2]. Maria, Mãe de Jesus e nossa, assiste-nos – assim como fez em Caná – na Casa da Mãe, neste Santuário, onde nós nos encontramos, à luz da fé em Cristo, unidos como Igreja. A Novena e o Tríduo Solenes, de 1° a 12 de outubro de 2017, deram-nos prova dessa experiência de fé e unidade cristã.

É Maria Santíssima quem nos ensina o modo de ser Igreja construída sobre a rocha, seu Filho Jesus Cristo, o Senhor do Reino da Justiça, da Fraternidade e da Paz!

---

[2] HTTP: //WWW.a12.com/santo-padre/noticias/detalhes/papa-aos-bispos-celam, 10/05/2017.

Considerações finais

É instigante conhecer, estudar e aprofundar a História da Devoção a Nossa Senhora da Conceição Aparecida. Ela questiona os ateus, confunde os adversários, fortalece os cristãos enfraquecidos, desperta e leva os devotos às práticas das boas obras, à luz da fé.

O culto à Mãe de Jesus, que se fez também nossa mãe, por força do Mistério do próprio Salvador, garante-nos que Ela foi a primeira discípula do Senhor. Por isso, são diversas as evidências bíblicas atribuídas a Ela, que corroboram essa nossa crença, sabendo nós que Ela está em uma posição secundária com relação a seu Filho, Jesus Cristo.

A crença católica em sua Imaculada Conceição vem desde o século III e foi crescendo e amadurecendo aos poucos. A Patrologia testemunha sobre o assunto por meio de seus célebres escritores. A Idade Média também viu seu desenvolvimento, e os Concílios sentiram, perceberam e reconheceram sua maturidade e veracidade de fé. Teve grande expressão no século XVIII, e foi Declarado Dogma Católico em 8 de dezembro de 1854. Esses são os passos interativos de uma longa caminhada de fé exercitada pelos cristãos católicos.

A iconografia, isto é, a imagem sacra que representa a Virgem Imaculada nos mostra a mística vivida por Maria, sua pureza integral e maternal, sua atenção a Deus, seu "caminhar" por entre as maldades humanas, sem se deixar contaminar por elas. Maria, Mãe das Dores, na Paixão e Morte de Jesus, sofreu as consequências da maldade dos humanos, mas não foi "envenenada" pelo Mal. Todavia, por méritos de seu Filho Ressuscitado, a experiência de Dores foi transformada em suas Alegrias Pascais. Então "Maria é a 'Lua' de Cristo".

Por conseguinte, a Devoção a Nossa Senhora e aos santos tem a missão de educar os devotos para perceber as Graças Divinas, inclusive aprender com o Mistério da Redenção, realizado por Jesus Cristo. Por isso a "bem-aventurada Virgem Maria" está também intimamente relacionada com a Igreja. Ela é a imagem (retrato) da Igreja, que reúne, à luz da fé, celebra e serve ao Povo de Deus. É nessa condição que Maria tornou-se a esperança do povo brasileiro desde os primeiros tempos da Colonização. Ela sempre foi invocada para socorrer os cristãos em suas necessidades espirituais e temporais. São José de Anchieta (1534-1597) foi um autêntico devoto que muito aprendeu e ensinou a exemplo de Maria Santíssima. Da mesma forma, com sabedoria e profundidade, foi o Pe. Antônio Vieira, SJ (1608-1697), em suas geniais expressões contidas em seus sermões, sobretudo, naquelas dedicadas ao mistério da Imaculada Conceição. Por isso, com esses e outros ilustres pregadores, nós aprendemos que o Criador realizou grandes maravilhas na pessoa de Maria, desde sua santa concepção, e continua a fazer o Bem por meio de sua intercessão. Assim, o Evangelho nos ensina que, para Deus, nada é impossível.

Ao tomar conhecimento desses argumentos, logo percebemos as muitas contradições no cotidiano de nossa vida. É verdade que a sociedade humana sofre frequentemente com estes contrastes, o divino e o humano, o mal e o bem, a justiça e a maldade, o querer e a má vontade, a começar pela história do Brasil. Nesse contexto, quando todos se misturam, é preciso discernimento. A luz da fé cristã pode ajudar a encontrar valores éticos e morais. Nossa Senhora e os santos são exemplos que a Igreja coloca em evidência por causa de seus exemplos assumidos e integrados, segundo as exigências do Evangelho. A religião também tem a missão de nos humanizar.

À devoção popular coube uma interação sociorreligiosa, haja vista que a sociedade colonial brasileira, muitas vezes, foi pautada pela Igreja Católica. Nela, a ordem estabelecida vinculava-se às virtudes humanas e à busca de perfeição (santidade). Assim era o compromisso humano, com direitos e deveres, para manter a harmonia na sociedade. É nesse contexto que se entende o papel da Igreja e a função do "Patrocínio" da Imaculada Conceição como Rainha e Padroeira, no Reino Português e suas colônias. Eis o modo maternal da Igreja, pois, com "Maria, voltamos a acreditar na força revolucionária da ternura e do afeto", disse-nos o papa Francisco. De fato, a força da violência é destruidora: a história das Revoluções e das Guerras nos prova isso!

A viagem e passagem do governador Pedro de Almeida naquelas circunstâncias históricas (1717) nos remetem a um Brasil composto de diversos brasis, cujas "partes" e muitos "fragmentos" necessitavam de união em seus pontos de convergências. As diversidades já aparecem nas aventuras exigidas pela própria viagem: os alimentos costumeiros e exóticos ou nunca vistos, os riscos por mar e por terra, os caminhos e trilhas, feitos ora a pé ora a cavalo, em canoa, liteira, banguê e "cadeirinha", visto e assistido pelos "Povos do Brasil"; durante o percurso, os rituais das Câmaras e as recepções dos povos – brancos, mestiços e índios, negros e descendentes livres e escravos; hebreus devotos disfarçados, outros reconhecidos como cristãos "velhos" e "novos"; as cruzes e ermidas que pontilhavam todos os caminhos, sinuosos, com distâncias medidas em léguas, com subidas e descidas, referenciados por colinas e penhascos, que, no ir e vir, descortinavam horizontes. Nesse cenário, às primeiras impressões, pareciam estar com fantasias e alegorias, retratos ou sonhos de uma mentalidade mesclada.

A estada do governador na Freguesia de Guaratinguetá, durante treze dias inteiros, em outubro de 1717, fez com que ele se inteirasse da realidade daquela Vila, já conhecida pelas violências, mortes e pelos desacatos às autoridades. Nela, indicou e deu procedimentos administrativos, tomou resoluções jurídicas e criminais. Exigiu legítimos processos jurídicos, condenou e executou criminosos e perdoou a outros. Encaminhou, corrigiu obstruções e compra de "direitos" na justiça e impunidades. A saber, que a sociedade guaratinguetaense era muito pobre. Havia descuido com as lavouras por causa da "corrida do ouro". A população ribeirinha vivia de alguns peixinhos e camarõezinhos (potyhim), da caça e formigas içás, verduras e frutos silvestres. A população masculina, em grande parte, estava nas Minas. As mulheres cafuzas, caboclas e mulatas eram exploradas. Falava-se o português, porém a língua corrente era o tupi-guarani.

A tradição católica, em Portugal e no Brasil, garante-nos que a Devoção à Imaculada Conceição faz parte da história e cultura desses países. A Mãe Aparecida, retirada das águas do Rio Paraíba do Sul, cujo corpo e cuja cabeça foram encontrados em lugares diferentes, constituindo o primeiro milagre, em 17 de outubro de 1717, em uma situação angustiante para as autoridades e desafiadora para os pescadores, pobres canoeiros, corrobora essa afirmação. Logo após se ajuntar corpo e cabeça, Ela foi reconhecida em sua iconografia da Imaculada Conceição, pois, ao se unirem as partes de sua imagem, refazendo o corpo por inteiro: uniram-se a fé, a devoção, a intercessão, a graça, o milagre, a resolução. Então, a angústia e o desafio foram superados.

A imagem d'Aparecida, milagrosamente retirada das águas, aponta os primeiros sinais como: os peixes em abundância, o acender das velas, os estrondos no baú, onde guardavam a imagem, e sua fama a espalhar de boca em boca, sem contar a curiosidade dos viajantes, as notícias levadas pelos tropeiros, pelos incansáveis bandeirantes e pelos fatigados mineradores. Todos espalhavam a fama da Mãe Aparecida, quando a comunicação era feita nas línguas: portuguesa, tupi-guarani e africanas. Eis a tríplice aliança cultural brasileira!

Os romeiros, advindos das diversas partes do Brasil, queriam ver, tocar e beijar a querida imagem do Santuário de Aparecida. O capelão responsável administrava os sacramentos e os sacramentais. O ermitão guardava, zelava, ouvia e contava os feitos pela intercessão de Nossa Senhora. Logo, a imagem foi coroada como mandava o rei e a tradição (1640) e vestida com o manto azul, segundo o costume católico luso-brasileiro. Os missionários redentoristas, guardiães da imagem de Aparecida, chegaram em 28 de outubro de 1894. Nesse ano, na festa de 8 de dezembro, ficaram encantados com a piedade, a devoção e o afeto religioso dos brasileiros, igualmente, com o modo com que se festejavam publicamente, com foguetes e fogos de artifícios. Esses, sem dúvidas, amavam muito a Nossa Senhora.

Os missionários fizeram novos empreendimentos na acolhida e no atendimento aos romeiros. A divulgação da devoção foi acentuada e de modo eclesial. É a Mãe que acolhe os filhos seguidores de seu Filho, sendo Igreja. A Festa de Coroação de Nossa Senhora (1904) foi a confirmação de "seu reinado de Padroeira". Ali a Igreja Católica se fazia presente, com seus pastores e ovelhas, com autonomia e identidade próprias.

O "Ano Jubilar de 1917-1918" motivou os católicos brasileiros a se conscientizarem dos valores religiosos e patrióticos. A Igreja Católica no Brasil celebrou o "Jubileu dos 25 Anos de Coroação" de Nossa Senhora, que foi consumado com o "Congresso Mariano", realizado em Aparecida no dia 8 de dezembro de 1929. Nessa época, a Igreja no Brasil empenhava-se na formação do clero, dos religiosos e laicato, o que resultou na famosa Ação Católica. Nossa Senhora da Conceição Aparecida foi confirmada como nossa Padroeira, em 8 de setembro de 1930. No dia 31 de maio de 1931, na então capital federal (Rio de Janeiro), foi ACLAMADA Padroeira do Brasil, por um milhão e meio de pessoas, perante as autoridades: civis, militares e eclesiásticas. Foi a primeira maior mobilização religiosa vista e respeitada no Brasil.

A fundação da Rádio Aparecida, em 8 de setembro de 1951, deu novo impulso à pastoral do Santuário Nacional, por meio das transmissões de celebrações religiosas e instruções formativas aos ouvintes. Na sequência dos fatos, houve a preparação (1952), o início da construção da Basílica Nova (1954), e a Nave Norte começou a ser utilizada pelos peregrinos, em junho de 1959. E assim se prosseguiram a edificação e o uso simultâneo, em meio aos muitos transtornos. Porém, a cada ano, o devoto via ali sua contribuição investida na Nova Casa da Mãe, cuja Torre, em agosto de 1964, já "apontava para o Infinito".

A lembrança e o recebimento da "Rosa de Ouro", presente do papa Paulo VI (1897-1978), em 15 de agosto de 1967, coroou a "Festa do 250º Aniversário" do encontro da imagem de Aparecida. Nessa época, construía-se a cúpula, a qual foi concluída na primeira quinzena de agosto de 1970. Passados exatos dois anos, os devotos já caminhavam pela "Passarela da Fé".

No período de 16 de maio a 9 de agosto de 1978, o Brasil católico viveu dias de comoção. Em uma tentativa de rapto, a imagem de Aparecida foi quebrada. Depois de recolhida em dezenas de pedaços, a imagem foi recomposta, restaurada cuidadosamente e voltou para Aparecida. Naquele dia, 9 de agosto, a Mãe de Deus e nossa trouxe consigo uma multidão de devotos. Ali, novamente Ela restabelecia seu "Santuário em Casa de Irmãos".

O papa São João Paulo II sagrou a Nova Basílica de Aparecida, a 4 de julho de 1980. Nessa solene celebração, o Santo Padre nos exortou para que frequentássemos a "Escola de Maria", onde Ela ensina a escutar, a seguir e a fazer o que Jesus, seu Filho, mandar. Ser aprendiz de Maria é comprometer-se com Deus e os irmãos. Seguindo o mesmo enfoque, o apelo da partilha cristã foi feito e celebrado no Congresso Eucarístico Nacional, realizado em Aparecida, em julho de 1985. Foi também durante esse Congresso que se criou a Academia Marial de Aparecida, com o intuito de ensinar, esclarecer e motivar os estudos da Mariologia, sem se descuidar da cultura católica.

O Ano Jubilar do "Primeiro Centenário" dos Redentoristas no Brasil teve sua abertura em Juiz de Fora-MG, em 1893, e encerrou-se em Aparecida, no último domingo de outubro de 1994. Nas festividades de encerramento havia missionários representantes de mais de cinquenta países, quando "ao vivo e a cores" no Santuário se deram a conhecer ao mundo.

Em 1997, iniciou-se a preparação para o grande "Jubileu do ano 2000". Foi um conjunto de celebrações que mobilizou os católicos do mundo inteiro. Festejamos os 2000 anos da primeira vinda de Cristo sobre a Terra. Essa Festa Jubilosa foi muito bem preparada e celebrada no Santuário Nacional. Os meios de comunicação nos ajudaram a levar esse Evento Cristão aos longínquos rincões. No Santuário, o fluxo de peregrinos aumentou e prosseguiu o desenvolvimento na pastoral extraordinária.

Devido à referência pastoral desse Santuário, o papa Bento XVI indicou (2006) e abriu a "V Conferência Geral do Episcopado Latino-americano e Caribenho", em Aparecida, realizada entre os dias 13 e 31 de maio de 2007. O Documento de Aparecida, resultado dessa Conferência, é uma preciosidade eclesial que merece ser estudado, compreendido e aplicado em nossas pastorais.

A presença do papa Francisco, em 14 de julho de 2013, no Santuário Nacional, por ocasião da "Jornada Mundial da Juventude", no Rio de Janeiro, foi edificante e de autoridade moral. Seu modo simples, simpático e sábio convenceu-nos de que a juventude precisa ser preparada para protagonizar um "mundo melhor" e assim transformar a Igreja e o mundo. Igualmente, a preparação do "Jubileu dos 300 Anos" do encontro da imagem de Aparecida, desde 2014, motivou-nos e nos exortou à responsabilidade cristã de nos unir e nos humanizar. A fé e o compromisso com o Evangelho nos asseguram uma Igreja em forma de "rede de Unidade na Diversidade". A Casa da Mãe, o Santuário Nacional, cor de húmus, com seu piso sinuoso como um "Rio de Água Viva", com "peixes" mergulhados no "Mistério da Criação". O Criador é a fonte, o Deus Salvador se faz presente, o Deus Espírito é a inspiração. A Mãe Igreja gera, cuida e zela, enquanto aguarda a vinda do Senhor. A fé cristã ativa se equilibra na Técnica (Inteligência), na Arte (Expressão) e na Graça (Dom). Então, a Santíssima Trindade é o perfeito modelo de comunidade.

A "rede" retirou das águas a imagem quebrada, e, logo que unida, foi reconhecida a Imaculada, a Mãe Aparecida. A pesca abundante exigiu união e soma de forças dos pescadores. A rede é a Igreja, união de comunidades, esforços conjuntos. É preciso reconhecer o "milagre" da união em Cristo, a intercessão (graça) de Maria e a nossa boa vontade para o serviço cristão. A História da Devoção a Nossa Senhora da Conceição Aparecida contém muitas lições de vida. Nela se concentram a vida política, social, econômica, sanitária, cultural, religiosa da nação brasileira e a saúde pública. Na escola da Mãe Aparecida, havemos de aprender com o Evangelho de Jesus. É necessário nos comprometer com os valores humanos e a ética cristã. Essa é a razão por que Nossa Senhora da Conceição Aparecida se manifestou com rosto e fisionomia do povo brasileiro. Portanto, vamos nos unir, à luz da fé e da esperança, para "coroarmos" a nossa missão do ser Igreja, com Jesus e Maria.

É preciso acreditar, servir e jubilar (alegrar) com Cristo, por Cristo e em Cristo, a exemplo e testemunho de "Maria de Nazaré", a quem chamamos carinhosamente de "Aparecida".

Referências bibliográficas

ABREU, Waldomiro Benedito de. Pindamonhangaba – Tempo e Face. Editora Santuário: Aparecida-SP, 1977.

ACMA – Arquivo da Cúria Metropolitana de Aparecida. Paróquia de Nossa Senhora da Conceição Aparecida, Livro do Tombo de 1893-1913.

_____. Paróquia Santo Antônio de Guaratinguetá, Livro do Tombo de 1757-1873.

_____. Relatório Anual dos Jesuítas da Província Brasileira, 1748-1749. Cópia.

ACMRJ – Arquivo da Cúria Metropolitana do Rio de Janeiro. Carta Pastoral de D. Fr. Antônio de Guadalupe. Paróquia Nossa Senhora da Ajuda, Livro do Tombo de 1728-1743.

ANSELMO, Santo. Sobre a Imaculada Conceição. Liturgia das Horas, vol. I, Editora Vozes: Petrópolis-RJ, 1994.

AHU – Arquivo Histórico Ultramarino, Portugal, ACL-N-Código II, Catálogo: 1. Pesquisa on-line.

AHU – ACL-N-Rio de Janeiro, Catálogo: 896. Pesquisa on-line.

_____. ACL-N-São Paulo, Catálogo: 293.

_____. ACL-N-Minas Gerais, Catálogo: 492.

_____. ACL-N-São Paulo, Catálogo: 579.

_____. ACL-N-Minas Gerais, Catálogo: 1166.

_____. ACL-N-Rio de Janeiro, Catálogo: 1786.

_____. ACL-N-Rio de Janeiro, Catálogo: 1933.

_____. ACL-N-Rio de Janeiro, Catálogo: 3468.

ALMANAK de N. Senhora Apparecida, Santuário N. S. Apparecida – Officinas Gráficas, Apparecida, 1931.

APM – Arquivo Público Mineiro, SC-04, Livro de 1709-1722. Pesquisa on-line.
_____. SC-11, Livro de 1713-1721. Pesquisa on-line.
_____. SC-12, Livro de 1717-1721. Pesquisa on-line.
_____. SC-26, Livro de 1723-1725. Pesquisa on-line.
_____. LM-Lei Mineira N. 3150. Pesquisa on-line.
ATT – Arquivo da Torre do Tombo, Portugal, CSC--2M046-1820_m0001. TIF.
_____. MSBR-48_m0111. TIF. Pesquisa on-line.
_____. Tribunal do Santo Ofício – IL/028/04952.
BERNARDO, São. Sobre a Virgem-Mãe. Liturgia das Horas, vol. IV, Editora Vozes: Petrópolis-RJ, 1995.
BÍBLIA de Aparecida. Editora Santuário: Aparecida-SP, 2006.
BRUSTOLONI, J. Júlio. A Senhora da Conceição Aparecida. 2 ed. Editora Santuário: Aparecida-SP, 1979.
CHARTUNI, Maria Helena. A História de Dois Restauros. Editora Santuário: Aparecida-SP, 2016.
CINTRA, Euclides Pereira. Do Litoral a Vargem Grande – Brasópolis-MG. Mazza Edições: Belo Horizonte-MG, 1995.
COLLEÇÃO das Leis do Império do Brazil de 1835. Typographia Nacional: Rio de Janeiro, primeira parte, 1864.
COLLEÇÃO das Leis do Império do Brazil de 1828. Typographia Nacional, 1878.
CONSTITUIÇÕES Primeiras do Arcebispado da Bahia, Senado Federal: Brasília-DF, 2007.
COMPÊNDIO do VATICANO II. 27 ed. Editora Vozes: Petrópolis-RJ, 1998.
CORESP – Correspondências Redentoristas da Província de São Paulo, Livro de 1817-1896, Edição Fotocopiada, 1983. Acervo Privativo Redentorista.

CRÔNICAS da Comunidade Redentorista de Aparecida, Livro de 1894-1907, Edição Fotocopiada, 1983. Acervo Privativo Redentorista.

_____. Livro de 1897-1954, Edição Fotocopiada, 1983.

_____. Livro de 1909-1922, Edição Fotocopiada, 1983.

_____. Livro de 1929-1940, Edição Fotocopiada, 1983.

DIÁRIO de Jornada do Governador D. Pedro de Almeida. CDM – Santuário Nacional de Aparecida, Cópia.

DOCUMENTO de APARECIDA. Conselho Episcopal Latino--americano. 12 ed. Paulus: São Paulo-SP, 2011.

ECOS MARIANOS. Gráfica Santuário: Aparecida-SP, 1967.

ELREDO, Santo. Maria, nossa Mãe. Liturgia das Horas, vol. III, Editora Vozes: Petrópolis-RJ, 1995.

EVANGELII GAUDIUM. Documentos do Magistério. Edições Loyola: São Paulo-SP, 2013.

HILAIRE, Augusto de Saint. Segunda Viagem do Rio de Janeiro a Minas Geraes e a São Paulo (1822). Companhia Editora Nacional: Rio de Janeiro-RJ, 1932.

JOÃO PAULO II. Pronunciamentos do Papa no Brasil. Editora Vozes: Petrópolis-RJ, 1980.

JORNAL "O Paraíba", Guaratinguetá, Edição de 29 a 13/12/1868.

JORNAL Santuário D' Apparecida, Anno IV, N. 42, 08/08/1904. CDM – Santuário Nacional de Aparecida.

_____. Anno XVIII, N. 5, 15/12/1917. Idem.

_____. Anno XVIII, N. 9, 12/01/1918. Idem.

KÖNIG, Franz. Léxico das Religiões. Editora Vozes: Petrópolis-RJ, 1998.

LEFORT, José do Patrocínio. A Diocese da Campanha. Imprensa Oficial de Minas Gerais: Belo Horizonte, 1993.

LUNÉ, Antônio José Batista de. Almanak da Província de São Paulo (1873). Edição Fac-similar, IMESP: São Paulo-SP, 1985.
MACIEL, José Mauro. Cadernos Marianos – Imaculada Conceição de Maria Santíssima – Aspectos Históricos. N. 6, Academia Marial de Aparecida, Aparecida-SP, 1999.
_____. Ayuruoca nos Setecentos. Gráfica Santuário: Aparecida-SP, 2014.
_____. Os Negros Livres e Escravos em Aiuruoca (1822-1836). Monografia de Conclusão de Curso. UNISAL: Lorena-SP, 2009.
MAGNO, São Leão. Sobre a Igreja. Liturgia das Horas, vol. II, Editora Vozes: Petrópolis-RJ, 1995.
MARISTELA. Frei Galvão – Bandeirante de Cristo. Editora Vozes: Petrópolis-RJ, 1998.
MOSTEIRO de São Bento do Rio de Janeiro, Papelaria Ribeiro: Rio de Janeiro-RJ, 1927.
MUSEU Nossa Senhora Aparecida. Catálogo. Santuário Nacional, 2016.
NABUCO, Joaquim. O Abolicionismo. Publifolha: São Paulo, 2000.
OLIVEIRA, Pe. Miguel de. História da Igreja. União Gráfica: Lisboa, 1942.
_____. História Eclesiástica de Portugal. União Gráfica: Lisboa, 1940.
PAIVA, Padre Anderson Eduardo de. Arte: Pedagogia Barroca. Santa Clara Editora: Barão de Cocais-MG, 2011.
QUEIROZ, Carlota Pereira de. Um Fazendeiro Paulista no Século XIX. Conselho Estadual de Cultura, São Paulo-SP, 1964.
REIS, Paulo Pereira dos. Lorena nos Séculos XVII e XVIII. Fundação Nacional do Tropeirismo: Lorena-SP, 1988.

REVISTA do Instituto Histórico e Geográfico de São Paulo, vol. XXX, Gráfica Paulista: São Paulo, 1935.

RIZZI, Giuseppe. Os Grandes Temas da Vida Cristã na Bíblia. Editora Santuário: Aparecida-SP, 2000.

SANTA MARIA, Fr. Agostinho de. Santuário Mariano, vol. I, Officina de Antonio Pedrozo Galrão: Lisboa, 1707.

_____. Vol. X, Officina de Antônio Pedrozo Galram: Lisboa, 1723.

SEDA, Rita Elisa. Mãe dos Pobres – Nhá Chica. Editora COMDEUS: São José dos Campos-SP, 2013.

SOFRÔNIO, São. Sobre a Mãe de Deus e Virgem Imaculada. Liturgia das Horas, vol. III, Editora Vozes: Petrópolis-RJ, 1995.

SURIGUÉ, Sebastião Fabregas. Almanak Geral do Império do Brasil. Typographia Commercial Fluminense: Rio de Janeiro, 1838.

VIEYRA, Antônio. Sermoens. Parte Duodecima. Sermão da Imaculada Conceição. Oficina Miguel Deslands: Lisboa, 1699.

WERNET, Augustin. Os Redentoristas no Brasil. Editora Santuário: Aparecida-SP, 1994, vol. I.

WWW.A12.com/santo-padre/noticias/detalhes/papa-aos--bispos-celam, 10/05/2017. Pesquisa on-line.

ZALUAR, Augusto Emílio. Peregrinação pela Província de São Paulo (1860-1861). EDUSP: São Paulo - SP, 1975.

A marca FSC® é a garantia de que a madeira utilizada na fabricação do papel deste livro provém de florestas que foram gerenciadas de maneira ambientalmente correta, socialmente justa e economicamente viável.

Este livro foi composto com as famílias tipográficas Abadi MT, Segoe e Minion Pro e impresso em papel Offset 75g/m² pela **Gráfica Santuário.**